부주의한 말은 다툼을 일으키고,
모진 말은 삶을 부수고 무너뜨린다.
쓰디쓴 말은 증오를 낳고,
난폭한 말은 상대방을 넘어뜨리고 죽일 수 있다.
은혜로운 말은 길을 평탄하게 하고,
기쁜 말은 하루를 밝게 한다.
시기 적절한 말은 스트레스를 줄여 주고,
자애로운 말은 치유와 축복을 가져다준다.

"여호와여 내 입 앞에 파수꾼을 세우시고
내 입술의 문을 지키소서"시 141:3

말 다스리기 30일

데보라 스미스 피게 지음 | 김태곤 옮김

30 DAYS TO TAMING YOUR TONGUE
by Deborah Smith Pegues

Copyright ⓒ 2005 by Deborah Smith Pegues.
Published by Harvest House Publishers,
Eugene, Oregon 97402.
www.harvesthousepublishers.com
All rights reserved.

Korean Edition published by Word of Life Press, Seoul, 2009.
Translated and published by permission.
Printed in Korea.

말 다스리기 30일

ⓒ **생명의말씀사** 2009

2016년 8월 20일 1판 1쇄 발행
2022년 9월 21일   4쇄 발행

펴낸이 | 김창영
펴낸곳 | 생명의말씀사

등록 | 1962. 1. 10. No.300-1962-1
주소 | 서울시 종로구 경희궁1길 6 (03176)
전화 | 02)738-6555(본사) · 02)3159-7979(영업)
팩스 | 02)739-3824(본사) · 080-022-8585(영업)

기획편집 | 태현주, 전보아, 김정주
디자인 | 박소정, 박인선
인쇄 | 주손디앤피
제본 | 주손디앤피

ISBN 978-89-04-15703-7 (03230)

저작권자의 허락없이 이 책의 일부 또는 전체를
무단 복제, 전재, 발췌하면 저작권법에 의해 처벌을 받습니다.-

말
다스리기
30일

프 | 롤 | 로 | 그

30일간의 말 금식

흔히 교사들은 자신이 배워야 할 것을 가르치게 된다. 나 역시 마찬가지다. 이 책을 쓰는 이유는 우선 나 자신을 위해서다. 나는 늘 하나님을 기쁘게 해드리는 말을 하는 건전한 혀를 갖고 싶다.

예수님의 형제 야고보가 했던 말, 즉 "혀는 능히 길들일 사람이 없나니"약 3:8라는 말의 의미를 나는 줄곧 배워 왔다. 새해의 결단도, 열까지 세며 참는 것도, 다른 어떤 노력도 다루기 힘든 이 신체 부위를 능히 제어하지는 못한다.

'길들이다'는 말은 제멋대로 하는 상태로부터 복종 상태로 만드는 것을 뜻한다. 자신의 혀를 길들이기 위해서는 완전히 고립된 삶을 살아야 할 수도 있다. 하지만 그런 상태에서 혼자하는 말 속에도 부정적인 내용이 담겨 있을 것이다.

혀를 길들일 수 있는 유일한 소망은 하나님의 성령에 있다. 매일같이 혀를 성령에 의해 재갈 물리고 복종시켜야 한다. 이 과정을 어떻게 시작할 수 있을까?

나의 영적 멘토들 중의 한 사람이 자연인을 다루고, '육신'의 부정적 성향을 다루기 위한 조언을 한마디 해주었다. "육신이 권하는 것이면 모조리 반대로 하세요." 혀를 길들이기 위해서는 이렇게 시작하는 것이 좋을 것이다.

어쩌면 목차에 수록된 부정적 말들을 얼핏 보면서 당신과 관련된 것은 그리 많지 않다고 생각할 수도 있다. 하지만 성장하기를 바라는 마음으로, 자신이 부인해 온 행위를 기꺼이 '자백'하기를 바라는 마음으로 이 책을 읽는다면 당신은 진리를 받아들일 때만 얻을 수 있는 자유를 경험하게 될 것이다.

"진리를 알지니 진리가 너희를 자유케 하리라"요 8:32. 이 책에서 나는 부정적인 말 사용에 대해 민감해지고, 불경건한 말을 억제하거나 '금식'하기 위한 30일간의 탐구 과정을 제시할 것이다.

금식이란 영적 훈련으로서 보통은 음식을 금하는 것을 뜻하며, 이를 정기적으로 실행하는 신자들은 극소수이다. 내 말에 지혜가 결여되었음을 드러낸 몇몇 사건들이 발생한 후에, 나는 의지에 따른 강한 결심만으로는 승리할 수 없다는 결론에 도달했다. 그래서 말 금식 기간을 갖기로 서원했다.

본서는 어떤 상황에 대한 개인의 욕구나 불만을 표현하는 일마저 기피하는 사람이 되도록 유도하는 것은 아니다. 사람들 사이의 문제는 서로 대면하지 않고는 해결되지 않을 것이다. 그러나 무슨 말이든 '때'와 '방법'이 있다. 성경은 하나님이 혀를 지혜롭게 사용할 수 있는 능력을 우리에게 주셨다고 가르친다.

"주 여호와께서 학자의 혀를 내게 주사 나로 곤핍한 자를 말로 어떻게 도와줄 줄을 알게 하시고" 사 50:4.

말은 생각을 전하는 차량이며, 혀는 그 차량의 운전사이다. 그래서 혀가 운명을 이끈다. 영적으로 성숙해지려면 바른 말을 바른 때에 바른 이유로 말하는 법을 배울 필요가 있다.

성령님이 혀 사용에 민감해지게 하심에 따라 우리는 그릇된 말을 내뱉고 싶은 유혹에 맞서기 시작할 것이다. 만일 당신이 혀와 부단히 싸우고 있는 자신을 본다면 말을 중단하는 것이 좋을 것이다. 이 금식의 막바지에 이르러 혀가 생명의 원천으로 변함에 따라 당신은 영적 능력자가 될 것이다.

목 | 차

프롤로그   30일간의 말 금식 | 6

말 | 다 | 스 | 리 | 기   첫째 주
축복을 불러오는 말하기 15

제1일   거짓된 말, 진실한 말 | 17

제2일   아첨하는 말, 진지한 찬사의 말 | 24

제3일   조종하는 말, 올곧은 말 | 29

제4일   조급한 말, 사려 깊은 말 | 34

제5일   이간질하는 말, 화평케 하는 말 | 38

제6일   따지는 말, 존중하는 말 | 42

제7일   자랑하는 말, 겸손한 말 | 47

말|다|스|리|기 둘째 주
상처를 치유하는 말하기 51

제8일　자신을 경시하는 말, 성찰하는 말 | 53

제9일　중상하는 말, 칭찬하는 말 | 56

제10일　남의 말, 말을 절제하는 입술 | 61

제11일　참견하는 말, 지원하는 말 | 65

제12일　누설하는 말, 비밀을 지키는 입술 | 70

제13일　흠잡는 말, 세우는 말 | 73

제14일　냉소적인 말, 긍정적인 말 | 76

말|다|스|리|기 셋째 주
관계를 회복시키는 말하기 81

제15일   아는 체하는 말, 경청하는 말 | 83

제16일   과격한 말, 친절한 말 | 87

제17일   요령 없는 말, 융통성 있는 말 | 90

제18일   위협하는 말, 도와주는 말 | 96

제19일   무례한 말, 대접하는 말 | 102

제20일   비판적인 말, 하나님의 기준에 준한 말 | 107

제21일   자아에 골똘한 말, 상대를 돌아보는 말 | 112

말|다|스|리|기| 넷째 주

인생을 풍요롭게 하는 말하기 117

제22일 저주하는 말, 고상한 말 | 119

제23일 불평하는 말, 감사하는 말 | 123

제24일 보복적인 말, 축복하는 말 | 127

제25일 참소하는 말, 진실을 구하는 말 | 131

제26일 낙담시키는 말, 격려하는 말 | 135

제27일 의심하는 말, 믿음으로 하는 말 | 140

제28일 수다스러운 말, 자제력 있는 말 | 145

제29일 경솔한 말, 신중한 말 | 149

제30일 침묵하는 말, 소통하는 말 | 152

에필로그 말을 다스리는 지혜 | 158
부록 1 매일의 언어 평가 점검표 | 164
부록 2 긍정적인 언어 사용법 | 168
부록 3 혀를 지켜 주는 성경 말씀 | 172

여호와는 그 얼굴을 네게로 향하여 드사
평강 주시기를 원하노라 할지니라 하라
그들은 이같이 내 이름으로 이스라엘 자손에게 축복할지니
내가 그들에게 복을 주리라 민 6:26-27

말|다|스|리|기 **첫째 주**

축복을 불러오는
말하기

30 Days to Taming Your
Tongue

거짓된 말, 진실한 말

"거짓 입술은 여호와께 미움을 받아도
진실히 행하는 자는 그의 기뻐하심을 받느니라" 잠 12:22

우리가 행하고 말하는 모든 것은 진실에 근거해야 한다. 거짓말에 기초한 모든 관계는 불안정하다. 거짓은 주로 기만, 절반의 진실, 과장, 아침의 네 가지 형태로 나타난다. 이들 중에서 아침은 별도의 장에서 다룰 것이다.

기만

편지함을 열었을 때 세무서에서 온 편지를 보고 내 심장은 두근거

렸다. 나는 이전에 제출한 납세 신고서에 대한 감사를 염려하곤 했다. 18세 이후로 십일조에 충실해 온 사람으로서 나는 기부금 액수를 정확히 기재해야 한다고 배워 왔다. 왜냐하면 감사는 대개 그것 때문에 실시되기 때문이다.

그러나 나는 납세 신고서에 대해 다소 과장된 정보를 이용하려는 경향이 있었다. 그 편지의 봉투를 만지작거리면서 어떤 조사를 받더라도 괜찮을 것이라고 생각했다. 왜냐하면 내가 공제받은 내용 일체에 대한 근거를 제시할 수 있었기 때문이다.

그때 수년 전에 받았던 특정한 감사를 떠올리지 않을 수 없었다. 그 감사 때 나는 과도한 세금 공제를 받은 것을 정당화하기 위해 세법에 대해 무지한 것처럼 가장했었다. 감사원 앞에 앉아 결백한 척 하면서 속으로는 '하나님이 거짓말하는 나를 치실 거야.' 라고 생각하고 있었다.

평생 나는 주일학교 교사들을 통해 하나님은 거짓말쟁이를 결코 용납하지 않으신다고 배웠다. 그럼에도 불구하고 세금 환급을 더 많이 받으려는 유혹에 넘어갔다. 그 감사원 앞에서도 나는 속이 훤히 들여다보이는 거짓말을 하고 있었다. 한편 불과 몇 달러를 속인 일로 근심하며 양심의 가책에 시달리기에는 인생이 너무 짧다는 생각이 들었다.

베드로는 "생명을 사랑하고 좋은 날 보기를 원하는 자는 혀를 금하여 악한 말을 그치며 그 입술로 궤휼을 말하지"벧전 3:10 말라고 경고한다.

사람들이 속임수를 쓰는 이유는 무엇일까? 경제적 이득이나 사회적 유익을 위해, 부도덕한 행위를 숨기기 위해, 다른 '유익'들을 얻기 위해 그렇게 하는 경우가 많다.

이름의 뜻이 '사기꾼'이었던 야곱은 어머니와 모의하여 아버지를 속임으로써 형 에서에게 속한 장자권을 가로챘다창 27장. 에서가 그 속임수를 알아채고서 야곱을 죽이려 하자 고향을 떠나 삼촌 라반의 집에서 살아야 했다. 그는 결국 자신이 뿌린 기만의 씨앗을 거두어야 했다. 라반은 야곱을 속여 야곱이 사랑하지 않았던 레아와 결혼시켰고, 그는 야곱과의 고용 계약을 여러 차례에 걸쳐 변경시켰다. 그리하여 야곱은 자신이 사랑했던 라헬과 결혼하기 위해 14년 동안 일해야 했다.

마침내 그는 기만적 방법들을 포기하고 십일조를 드리는 사람이 되었고, 이 때문에 하나님은 야곱에게 상상을 초월할 정도로 복을 베푸셨다. 여러 해가 지난 후 야곱은 소중한 가족과 풍성한 재산, 이스라엘이라는 새 이름을 가지고 고향으로 돌아가게 되었다.

속임수에 몰두하는 것은 하나님을 경홀히 여기는 행위로 무서운 결과를 초래한다. 상황을 주관하시는 하나님을 신뢰하지 않는다는 것은 본질상 그분을 거짓말쟁이로, 우리의 모든 필요를 채워 줄 것이라고 하신 약속을 지키지 않으실 분으로 간주하는 것이다. 이 경우에 우리는 (기만술을 포함하여) 필요한 수단을 모조리 동원하는데, 그럼으로써 하나님이 우리를 위해 계획하셨던 선한 삶을 잃게 되고 마는 것이다.

절반의 진실

조안 스미스는 월요일에 결근했다. 화요일에 출근한 그녀는 병원에 있는 연로한 모친 때문에 결근했었다고 사장에게 설명했다. 사실인즉, 조안은 병원에서 두 시간 동안 있었을 뿐이며 여섯 시간 동안 쇼핑을 했다. 온종일 모친의 병상 곁에 있었음을 사장이 믿게끔 이야기했다. 그녀는 진실의 절반만을 말한 것이다.

한때 나는 걸핏하면 '절반의 진실'을 말하면서 스스로 성실한 길을 걷고 있는 것으로 믿었다. 내가 좋아했던 절반의 진실은 약속에 늦은 이유를 잃어버린 열쇠 탓으로 돌리는 것이었다. 나는 열쇠를 곧잘 잃어버렸다. 그러나 대개 몇 분 내에 그 열쇠를 찾을 수 있었다. 내가 지각하는 진짜 이유는 허술한 시간 관리에 있었다.

변명을 늘어놓을 때에는 내가 한 말을 합리화했다. 열쇠를 찾으러 다닌 것은 사실이었다. 하지만 침상에서 늑장을 부린 일이나 별로 대수롭지도 않은 일을 끝내느라고 시간을 보냈던 것과 같은 사실이 알려졌다면, 상대방은 나를 달리 생각했을 것이다. 결국 남편이 잘못을 지적해 주었다. 속이려는 마음에서 나온 것은 무엇이나 거짓이라는 지적이었다.

나는 '진실'을 뜻하는 'integrity'라는 단어가 '정수'를 뜻하는 'integer'라는 단어에서 유래했다는 흥미로운 사실을 발견했다. 정수는 분수와는 달리 쪼개지지 않은 완전한 수이다. 성실히 행할 때 우리는 부분이 아니라 완전한 진실을 말한다. '진실을, 완전한 진실을, 오직 진실만을' 말하도록 지시하는 법정 선서는 거짓말을 할 수 있는 방법들이 많음을 역으로 시사한다.

과장

상대방의 관심을 더 많이 끌기 위해 이야기를 자주 꾸미는가? 과장은 무해한 듯이 보일 수도 있지만 또 다른 형태의 거짓말이다. 과장의 위험성은, 사람들이 진실을 과장하는 성향을 보이는 사람의 말을 무엇이든 에누리하여 듣는다는 데 있다. 이것이 과장의 역설이다. 진실을 과장하는 사람은 자신의 말이 더욱 믿음직스럽게 들리기를 원하지만, 과장으로 인해 도리어 신뢰를 잃게 된다.

나는 과장된 말을 잘하는 몇몇 사람들을 알고 있다. 그들은 '누구나', '아무도', '항상'과 같은 절대적인 표현을 즐겨 사용한다. 그들의 친구들은 "그 사람이 말하는 것은 절반만 믿어야 한다는 걸 너도 이미 알고 있지?" 하고 경고성 농담을 건넨다. 뼈가 있는 농담이다. 이 속에는 친구들이 그의 말을 절반만 믿는다는 뜻이 담겨 있기 때문이다.

어떤 이야기를 전할 때에는 열정적으로 말하는 것으로 족하다. 과장은 피하라. 액면 그대로의 사실에 충실하고, 그 같은 거짓으로써 관심을 끌려는 마음을 억제하라.

하나님은 모든 거짓말쟁이의 운명을 확언하셨다. "모든 거짓말하는 자들은 불과 유황으로 타는 못에 참예하리니 이것이 둘째 사망이라"계 21:8. 사망은 분리를 뜻한다. 첫째 사망은 영혼과 몸의 분리이다. 둘째 사망은 영혼이 하나님으로부터 영원히 분리되는 것이다. 아버지로부터의 영원한 분리는 기만성에 대한 대가로는 너무나 비싼 것이다.

시편 기자는 기만의 결과가 어떤 것인지를 알고 있었고, 그 구덩이에 빠지지 않도록 지켜 달라고 부단히 하나님께 간청했다. "여호와여 거짓된 입술과 궤사한 혀에서 내 생명을 건지소서"시 120:2. 당신은 하나님을 신뢰하는 마음으로 진실을 말하며 그 결과를 그분에게 맡기는가? 아니면 구원을 간구하는 시편 기자의 기도에 동참할 필요가 있는가?

오늘의 다짐 30 Days to Taming Your Tongue

"내 입은 진리를 말하며 내 입술은 악을 미워하느니라 내 입의 말은 다 의로운즉 그 가운데 굽은 것과 패역한 것이 없나니" 잠 8:7-8.

아첨하는 말, 진지한 찬사의 말

"이 사람들은……그 입으로 자랑하는 말을 내며
이를 위하여 아첨하느니라" 유 1:16

"여기 모인 사람들 중에 가장 아름다운 여성이 된 기분이 어떠세요?" 어느 유명 사이트에서 실시된 인터넷 투표에 의하면, 남자들이 여성에게 가장 효과적으로 아첨할 수 있는 방법은 바로 이 질문이라고 답했다.

아첨은 미사여구로 장식된 거짓말이다. 이처럼 부정직한 말을 하는 사람들은 대부분 상대방으로부터 무슨 유익을 얻기 위해 그렇게 한다. 그 유익이 반드시 물질적이거나 실체가 있는 것은 아니다. 승낙처럼 비실체적인 유익일 수도 있다. 아첨하는 사람은 자존감이 낮아서 다른 사람들에게 찬사를 표함으로 그들의 호감을 살 수 있다고 믿기도 한다.

아첨은 다른 사람의 호감을 얻게 하실 수 있는 하나님의 능력에 대한 믿음이 부족함을 나타내는 증거이다. 호감은 창조주와 올바른 관계에 있을 때 부차적으로 뒤따르는 유익이다.

"여호와여 주는 의인에게 복을 주시고 방패로 함같이 은혜로 저를 호위하시리이다" 시 5:12.

성경에는 하나님이 당신의 자녀가 자신의 노력과는 상관없이 다른 사람의 호감을 사게 하신 사례들이 많다.

하나님이 에스더에게 은총을 베푸셔서 왕은 그녀를 페르시아의 왕후로 간택했다 에 2장. 하나님은 다니엘이 왕의 관원의 호감을 살 수 있도록 하셨고, 그래서 그 관원은 다니엘과 세 친구들에게 율법에 따라 정한 음식을 먹도록 허락했다 단 1장. 또한 하나님은 요셉에게 은총을 베푸셔서 노예로 팔려 간 그를 애굽 총리로 세우셨다 창 39-41장. 이처럼 하나님의 자녀들은 이득이나 생존을 위해 다른 사람들의 환심을 사려고 스스로 노력할 필요가 없었다.

거짓 찬사를 통해 어떤 사람에게 아첨했던 적이 있는가? 그 후에 어떤 느낌이었는가? 그런 거짓된 행위로 마음이 불편해지고 성령에 둔감해진다면, 그 아첨 행위는 성실성에 위배되는 것으로 판명날 것이다.

만일 당신이 아첨하는 사람이라면, 상대방에 대한 과대 찬사가 얼마 지나지 않아 아무런 효력도 발휘하지 못하게 된다는 사실을 알아야 한다. 당신의 아첨을 받은 사람이 살아가면서 불안정한 처지에 놓이고 별로 인정도 받지 못할 경우에, 그녀는 자신의 낮은 자존감을 끌어올려 줄 것 같은 말을 '무작정' 환영할 것이다.

우리도 아첨에 약해질 때가 있다. 무시당하거나, 인정받지 못하거나, 관심을 끌지 못한다고 느끼거나, 이외에도 사탄에 의해 비롯되는 갖가지 부정적 감정들에 사로잡힐 때 그러하다.

나는 예배 때 말씀을 전할 기회가 거의 없었던 한 교회를 다닌 적이 있었다. 그토록 드물었던 설교 기회가 내게 주어졌을 때마다 몇몇 교인들이 와서 이르기를, 자신이 들어 본 설교 중에 가장 탁월하다며 찬사를 표했다. 또한 그들은 나에게 설교 기회가 더 많이 주어지지 않는 사실을 참으로 안타까워했다.

솔직히 말하면, 그런 찬사들은 나의 자만심에 불을 붙였다. 하지만 다행히도 당시에 나는 그들이 단순히 환심을 사려는 것인가, 아니면 교회에 대한 그들의 비판적 태도에 나를 합류시키려는 것인가 하고 신중히 생각했다.

어떤 사람들은 아첨을 생존 술책으로 삼는다. 영화감독 스티븐 스필버그는 깡말랐던 13세 때 한 불량배의 폭력에 시달렸다. 끈질긴 괴롭힘을 당하던 중에 어느 날 스티븐은 그 불량배에게 존 웨인을 닮았다며 아첨했다. 그리고 자신이 생각 중인 제2차 세계대전에 관한 8mm 영화에 그를 주연으로 출연시켜 주겠다고 제의했다. 스티븐은 그 불량배에게 영웅적인 지도자 배역을 맡김으로써 그를 자신의 의도대로 조종할 수 있었다 www.anecdotage.com에서 인용.

스티븐을 괴롭혔던 그 불량배와는 달리 정서적으로 건강한 사람은 신실한 찬사만을 감사히 받아들인다. 뿐만 아니라 대부분의 사람은 자신의 환심을 사기 위한 찬사와 불순한 동기를 품은 말을 간파할 수 있다. 그리고 명확한 이유도 없이 찬사를 늘어놓는 사람을 좋아하기보다는 탐탁하지 않게 여긴다.

성경은 아첨꾼에 대한 하나님의 계획을 분명히 밝힌다. "여호와께서 모든 아첨하는 입술과 자랑하는 혀를 끊으시리니"시 12:3. 과연 아첨은 하나님의 축복이 끊어지는 것을 감수할 정도로 소중한 것일까?

오늘의 다짐 30 Days to Taming Your Tongue

"나는 결코 사람의 낯을 보지 아니하며 사람에게 아첨하지 아니하나니 이는 아첨할 줄을 알지 못함이라 만일 그리하면 나를 지으신 자가 속히 나를 취하시리로다" 욥 32:21-22.

제3일

조종하는 말, 올곧은 말

"들릴라가 삼손에게 이르되 당신의 마음이 내게 있지 아니하면서 당신이 어찌 나를 사랑한다 하느뇨 당신이 이 세 번 나를 희롱하고 당신의 큰 힘이 무엇으로 말미암아 있는 것을 내게 말하지 아니하였다 하며" 삿 16:15

삼손은 하나님의 택하심을 받은 사람이었지만 경건하지 못한 여성들을 좋아했다. 그는 이스라엘을 블레셋의 지배로부터 해방시킬 사명을 타고났다. 하나님은 그에게 초자연적 힘을 주셨고, 결코 삭발하지 말라고 그의 부모에게 당부하셨다. 그의 힘의 비밀은 머리털에 있었던 것이다. 삼손은 무서운 힘으로 많은 업적을 쌓았고, 대적들은 그를 처치할 기회를 찾지 못했다.

그러던 중에 그는 탐욕스럽고 음흉한 블레셋 여자 들릴라와 사랑에 빠졌다. 예나 지금이나 흔한 "만일 당신이 나를 사랑한다면 ······하겠어요."라는 유혹적인 말로 그녀는 삼손을 간교하게 조종하여 그 힘의 비밀을 털어놓게 했다. 그리고 들릴라는 돈을 얻기 위해 그의 신뢰를 저버리고서 그 비밀을 대적들에게 알려 주었다.

그들은 즉시 삼손의 머리털을 밀어 버렸고, 삼손의 힘은 여느 사람과 같아졌다. 그들은 삼손을 끌고 가서 두 눈을 뽑았고, 그를 쇠사슬로 묶어 감옥 안에 설치된 맷돌을 돌리게 했다. 상처 입고 무기력해진 삼손은 이전의 영광을 결코 회복할 수 없었다.

어느 행사 기간 중에 블레셋인들은 삼손을 불러 재주를 부리게 하면서 놀려댔다. 그때 삼손은 두 개의 신전 기둥 사이에 서서 초자연적 힘을 마지막으로 한 번만 발휘하게 해 달라고 기도하며 있는 힘을 다해 그 기둥을 밀었다. 그러자 신전이 무너져 내렸다삿 16장.

그 붕괴 사건으로 삼손은 물론이고 3,000명의 블레셋인들이 몰살당했다. 이것은 간교한 한 여자 때문에 힘을 잃은 용사의 비극적인 최후였다. 이처럼 간교함은 상대방과의 관계는 물론이고 개인의 삶마저 파괴할 수 있다.

오늘날 많은 남자들이 소위 '들릴라 공포증'에 시달리고 있다. 이는 자신의 연약함을 드러내는 데 대한 공포심이다. 그들은 자신의 약점을 상대 이성에게 알려 상대방이 그것을 이용하게 하기보다는 그것을 혼자서만 간직하고 있는 것이 더 안전하다고 생각한다.

물론 이 같은 두려움은 상대 이성과의 친밀한 관계를 가로막는다. 남자든 여자든 상대방의 개인적 두려움이나 약점을 나쁜 의도로 언급하지 않는 것이 중요하다.

혀를 교활하게 놀려 의도했던 목표를 달성한 사람들은 자신의 '말솜씨'에 자부심을 느낀다. 그들은 '죄의식을 느끼는 듯한 모습'을 보이는 것에서부터 결백한 희생자인 척하는 방법에 이르기까지 온갖 술책들을 다 이용한다. 심지어 그렇게 영향을 미칠 수 있는 자신의 역량을 즐길 수도 있다. 실제로 "난 여자를 내 마음대로 조종할 수 있어!" 하며 자랑하는 남자들을 더러 보았다.

간교한 조종자들은 교묘하다. 자신의 이기적인 동기를 감추기 위해 온갖 노력을 다 기울인다. 하지만 그들은 많은 사람이 뛰어난 분별력을 지니고 있고, 그처럼 위선적인 행동을 예리하게 감지할 수 있다는 점을 자주 잊는다.

일단 사람들이 조종자들의 교묘한 성향을 알아채면 그들은 신뢰를 깡그리 잃고 만다. 사람들은 그들이 늘 간교한 동기를 품고 있다고 생각하며 마치 전염병을 피하듯이 그들을 기피할 것이다.

어떤 사람들은 간교한 조종자들에게 대담하게 맞서서 그들의 의도를 물어본다. 대적들이 신실한 종교인인 체하는 간첩들을 예수님께 보냈을 때 예수님도 그렇게 대담하게 하셨다. 그 간첩들은 그분을 교묘히 조종하여 로마 정부를 대적하는 말을 하시도록 유도하려 했다.

그들은 예수님의 신실성과 공평성에 대한 찬사를 통해 아첨하려고 했다. 그렇게 한 후 스스로 범죄자의 낙인을 찍게 만들기 위한 질문을 던졌다. "우리가 가이사에게 세를 바치는 것이 가하니이까 불가하니이까" 눅 20:22. 이어서 주님은 로마 황제 가이사에게 속한 것은 가이사에게 주어야 하고, 하나님의 것은 하나님께 바쳐야 한다고 설명하셨다.

예수님은 대적들의 간교한 술책의 희생자가 되는 것을 거부하셨고, 그 어떤 사람도 교묘하게 조종하지 않으셨다. 그분은 모두에게 보다 나은 삶의 길을 제시하셨지만, 스스로 그릇된 선택을 하는 자들에 대해서는 내버려두셨다.

이와 관련하여 우리는 그분을 본받아야 한다. 교묘한 조종은 기만

적이며 자유로운 선택을 훼방하는 것이다. 하나님의 자녀는 그런 행동을 해서도 안 되며, 그런 행동을 용납해서도 안 된다.

오늘의 다짐 30 Days to Taming Your Tongue

나는 하나님과 올바른 관계를 맺고 있기 때문에 그분이 은혜를 부어 주신다. 그러므로 나는 개인의 이득이나 유익을 얻기 위해 누군가를 교묘하게 조종할 필요가 전혀 없다.

조급한 말, 사려 깊은 말

"네가 언어에 조급한 사람을 보느냐
그보다 미련한 자에게 오히려 바랄 것이 있느니라" 잠 29:20

생각 없이 혀를 굴려서 다른 사람에게 상처를 준 적이 있는가? 깊이 생각해 보지도 않고 하나님께나 사람에게 어떤 약속을 하고 나서 나중에 어겼던 적이 있는가? 조급한 말로는 사려 깊은 의사 전달이 힘들다.

조급함으로 인한 실수

아무리 경건한 사람이라 할지라도 조급한 말을 하면 누군가에게 상처를 주기 마련이다. "우리가 다 실수가 많으니 만일 말에 실수가 없는 자면 곧 온전한 사람이라 능히 온몸도 굴레 씌우리라"약 3:2. 우리는 다른 사람들의 마음을 온전히 파악할 수 없기 때문에 그들의 고통이나 고민, 부정적 경험들을 유발하는 말을 하지 않도록 성령님께 의지해야 한다.

나는 사람들이 무심결에 던진 농담으로 상대방에게 상처를 주는 경우를 더러 보았다. 각 사람의 민감성 정도가 각자의 경험에 따라 다르다는 것을 명심해야 한다. 나는 쉽게 상처를 입지 않으려고 노력하며, 조급하게 하는 말을 들으면 의심되는 점을 가급적 좋은 뜻으로 해석하려고 노력한다.

성급한 반응

성경은 "사연을 듣기 전에 대답하는 자는 미련하여 욕을 당하느니라"고 경고한다잠 18:13. 한 직원이 내 질문에 너무 성급하게 대답한 나머지 그 질문 내용을 제대로 이해하지도 못했던 적이 있었다. 그는 실패에 대한 두려움과 자신의 유능함을 나타내고 싶은 조바심이 너무 컸던 까닭에 대답을 서둘렀던 것이다.

결국 그의 대답은 질문 내용과 무관했다. 얼마나 실망스러웠을까! 이로 인해 그는 자신이 그토록 싫어했던 모습을 적나라하게 보여 주고 말았다.

성급한 약속

하나님은 우리가 괴짜이기를 원하지 않으신다. 우리가 약속을 지키기를 기대하신다. 전도서에서 솔로몬은 조급하고 분별 없이 여호와께 서원하는 것을 경고한다. "너는 하나님 앞에서 함부로 입을 열지 말며 급한 마음으로 말을 내지 말라" 전 5:2. 계속해서 그는 서원한 내용을 실수였다고 말하면서 회피하면 안 된다고 설명한다.

입다는 성급한 서원이 어리석다는 교훈을 뼈저린 경험을 통해 배웠다 삿 11:30-40. 그는 이스라엘인들을 암몬 족속에 대항하는 전투로 이끌면서, 만일 하나님이 승리하게 하신다면 자신이 돌아올 때 맨 먼저 마중 나오는 자를 하나님께 번제로 드리겠다고 서원했다.

그는 자신의 외동딸이 맨 먼저 나오리라고는 미처 생각하지 못했다. 그가 번제단에서 딸을 희생 제물로 드렸는지(이는 하나님의 율법에 위배되는 행위임), 아니면 딸을 일평생 처녀로 살아가게 했는지 성경은 명확히 밝히고 있지 않다. 서원을 어떻게 이행했든지 간에 그의 딸이 성급한 서원으로 해를 당했던 것은 분명하다.

성급한 말 때문에 낭패를 겪는 내 모습을 보고 한 멘토가 "말하기 전에 멈추고 생각하세요. 그리고 기도하세요."라고 권면했다. 주의 형제 야고보는 "내 사랑하는 형제들아 너희가 알거니와 사람마다 듣기는 속히 하고 말하기는 더디 하며 성내기도 더디 하라"약 1:19고 당부했다.

왜 하나님이 우리에게 두 귀와 한 입을 주셨는지 생각해 본 적이 있는가? 이는 아마도 우리가 말하는 시간의 두 배를 듣는 데 할애해야 하기 때문일 것이다. 말을 잠시 멈추는 것이 긴 안목으로 보면 결국 유익할 것이다. 시간과 말은 한번 지나가면 결코 다시 돌이킬 수 없기 때문에 말하기 전에 우리는 그 말을 검토해 볼 시간을 가져야 한다.

오늘의 다짐 30 Days to Taming Your Tongue

나는 빨리 듣고 더디게 말하려고 노력할 것이다. 주님은 내 입을 지키시고 내 입술의 문을 지켜보신다.

이간질하는 말, 화평케 하는 말

"화평케 하는 자는 복이 있나니
저희가 하나님의 아들이라 일컬음을 받을 것임이요" 마 5:9

이간질은 두 사람 이상의 단합된 노력을 허물기 위해 사탄이 가장 효과적으로 사용하는 술책이다. 사탄은 단합의 결과가 가져오는 힘과 시너지 효과, 축복을 잘 알고 있다. 그래서 분열을 야기시키려고 온갖 노력을 기울인다.

의도적으로 불화를 일으키려고 애쓰는 사람들도 있다. 내 사촌들 중에 하나는 어릴 적에 심한 가정불화를 경험했다. 훗날 가족 모임이 있을 때면, 그녀는 직접 싸움을 걸거나 다른 사람들끼리 언쟁을 하도록 유도해야 직성이 풀렸다. 가족 간의 우애를 즐기기보다는 '화평을 깨트리는 것'을 더 행복하게 여기는 듯했다. 그녀에게는 불화와 분열이 습관화되어 있었다. 그녀는 하나님을 믿는다고 했지만 행동은 그 말을 무색하게 했다.

잠언 6장은 여호와가 싫어하시는 것 여섯 가지를 열거한다. 그 중에는 "형제 사이를 이간하는 자"도 포함된다잠 6:19. 에베소서 4:3에서 바울은 "평안의 매는 줄로 성령의 하나 되게 하신 것을 힘써 지키라"고 당부한다. 분명 그는 평안을 지키려면 엄청난 노력이 필요함을 알고 있었다.

우리는 불화에 빠트리려는 사탄의 술책에 대해 경계를 소홀히 해서는 안 된다. 사탄은 악의 없는 말을 듣고도 상처를 입도록 유도하거나, 말하는 사람의 의도와는 상관없는 해석을 덧붙이게 만들거나, 어떤 사람의 행동을 불순한 동기와 연결시키거나 거짓말을 믿게 만든다.

우리에게는 예리한 분별력이 필요하다. 성령님이 어떤 상황에 대한 진실을 알려 주실 것이다. 그분은 우리의 평안이시며, 우리가 그분께 순종할 때 당면한 문제들을 평화롭게 해결하도록 도우신다. 사실

서로를 이해하며 분열을 억제하려고 노력할 때 다툼은 더 강하게 결속된 관계로 이끄는 징검다리가 될 수 있다.

당신의 혀를 불화의 씨앗을 뿌리는 데 사용하고 있는가? 어떤 사람에 관해서 들은 부정적 이야기를 그 사람에게 말하는 것은 분열을 야기시키는 행동임을 기억하라. 이는 악감정을 품고 있는 사람을 경계하는 것을 무작정 회피하라는 뜻이 아니다. 다만 이야기를 전하는 동기에 있어 솔직해야 한다는 것이다.

당신은 앙심을 품은 사람을 알려 줄 정도로 충실한 체함으로써 상대방의 호감을 사려 하거나 혹은 그 사람에 대한 좋지 않은 감정을 간접적으로 표현하고 있을 수도 있다. 어떤 이유에서 말했든 그 결과는 동일하다.

즉, 인간관계가 훼손되며 하나님이 싫어하신다.

최근에 혀를 분열의 도구로 사용한 적이 있다면 어떤 구실로 그렇게 했는지 생각해 보라. 그 죄를 회개할 준비가 되어 있는가?

우리는 분열을 야기시키는 행동을 삼가야 할 뿐만 아니라, 불화 관계에 있는 사람들을 최선을 다해 화해시키는 적극적인 평화의 중재자들이 되어야 한다.

오늘의 다짐 30 Days to Taming Your Tongue

나는 평안을 조성하는 말을 하기 위해, 분열을 야기시키는 이야기를 일절 삼가기 위해 최선의 노력을 기울일 것이다.

제6일

따지는 말, 존중하는 말

"다툼을 멀리하는 것이 사람에게 영광이어늘
미련한 자마다 다툼을 일으키느니라" 잠 20:3

분열을 도모하는 사람들과는 달리 따지기 좋아하는 사람들은 다른 견해를 가진 사람에게 직접 언쟁을 일삼는다.

사실 그들은 상대방을 수세로 몰기 위해 어떤 논쟁 사항에 대해 철저히 대비하고 있는 것 같다. 그들은 논쟁거리들을 늘 준비하고 있으며, 종교적 측면에서든 정치적 측면에서든 부단히 언쟁을 유도할 수 있다.

따지기 좋아하는 것은 무익하게 혀를 사용하는 것이며, 친구를 얻거나 사람들에게 좋은 영향을 미칠 수 있는 방법이 아니다. 카우보이 배역으로 유명했던 전설적 미국 배우인 윌 로저스는 "사람들의 마음을 변하게 하는 것은 (어떤 행동에 대한) 관찰이지 논쟁이 아니다."라고 경고했다.

달리 말하면, 논쟁하기 좋아하는 사람은 변화를 일으키기 힘들다는 것이다.

사람들이 언쟁을 벌이는 이유를 살펴보자.

대부분의 언쟁자들은 언쟁이 밥 먹듯이 일어나는 가정에서 자랐다. 따라서 그들은 논쟁을 일상사로 여긴다. 나도 매우 논쟁적인 환경에서 자랐다. 어떤 문제가 타협적으로 해결되는 것을 본 기억이 없다. 언쟁자들은 진행 중인 말다툼을 더 가열시킬 재료를 찾지 못하면 또 다른 불을 피우려 들었다. 지쳐서 더 이상 이야기하고 싶지 않을 때까지 그렇게 했다.

나는 그처럼 무익한 대화에 결코 끼어들지 않겠다고 맹세했다. 그런가 하면 내 남동생은 사람들과 토론하는 것을 좋아하고, 그 토론은 격렬한 논쟁으로 이어지기 일쑤였다. 동생은 상대방의 반박에 논리적으로 대응하지 못할 상황에 이르면 상대방의 성격을 비난하거나 험한 말을 퍼부어 댄다. 그는 어릴 적에 보았던 행동을 그대로 흉내 내는 것이다.

또 어떤 사람들은 자신의 자존감을 높이기 위해 언쟁을 벌인다. 그들은 다른 사람의 의견이나 철학 또는 신념의 타당성을 공박함으로써 자신의 입장을 옹호하며 흡족함을 느낀다.

언쟁자의 목표는 상대방의 그릇됨을 드러냄으로써 삶을 개선시키는 것이 아니다.

사실 상대방이 "이 문제를 지적해 줘서 고마워요. 곧바로 내 생각을 바꿀게요."라고 대답한다면 언쟁자들은 크게 낙심하고 말 것이다. 그런 겸손한 반응은 논쟁을 중단시킬 것이기 때문이다.

솔로몬의 조언에 유의하자. "다투는 시작은 방축에서 물이 새는 것 같은즉 싸움이 일어나기 전에 시비를 그칠 것이니라" 잠 17:14.

언쟁자와 마주칠 때 내가 좋아하는 반응은 가급적 단호한 어조로 "좋아요. 그럴 수도 있겠네요."라고 일찌감치 말하는 것이다. 그렇게 하면 언쟁자들이 치밀하게 짜놓은 언쟁의 거미줄을 피할 수 있다.

혼자서는 언쟁을 할 수 없는 법이다. 예수님은 "너를 송사하는 자와 함께 길에 있을 때에 급히 사화하라" 마 5:25고 당부하셨다.

대부분의 사람들은 따지기 좋아하는 사람과의 토론을 가급적 회피할 것이다. 그들은 그런 사람과 토론하는 것 자체를 스트레스로 여기며, 대화의 주제를 논쟁적이지 않은 안전한 내용에 국한시키려고 애쓴다.

하나님의 자녀에게 주어진 도전 과제들 중의 하나는 상대방에게 불쾌감을 주지 않고 의견 차이를 드러내는 법을 배우는 것이다. 불신자들의 관점이나 가치관과 일치하지 않을 때에도 여전히 그들에게 정다운 모습을 보일 때, 우리는 하나님께 영광을 돌리고 있는 셈이 된다.

불신적 견해와 타협하지 않고 의견 차이를 지혜롭게 표하는 법에 유의해야 한다. 우리는 옹졸하지 않게 반대 의사를 표할 수 있는 미덕을 지니고 있다.

벤저민 프랭클린은 "이 점에 대해서는 동의합니다. 그러나 다른 측면에서는 괜찮으시다면 제가 이의를 제기하고 싶군요."라며 지혜롭게 말했다고 한다.

만일 당신이 언쟁적이거나 따지기 좋아하는 성향을 지니고 있다면, 특히 영원한 결과와 관련된 문제가 전혀 아닌 경우에는 누군가의 의견을 존중한다고 해서 손해될 것이 하나도 없음을 명심하라.

오늘의 다짐 30 Days to Taming Your Tongue

나는 나름대로의 가치관을 지닌 모든 사람의 권리를 존중함으로 언쟁을 피하려고 노력할 것이다.

자랑하는 말, 겸손한 말

"타인으로 너를 칭찬하게 하고 네 입으로는 말며
외인으로 너를 칭찬하게 하고 네 입술로는 말지니라" 잠 27:2

자신의 업적이나 재산이 너무나 자랑할 만해서 뽐내지 않을 수 없는가? 자랑은 당신의 번영이 자신의 노력에 따른 결과임을 나타내는 행위이다. 당신의 모든 소유가 하나님으로부터 비롯된 것임을 잊었는가?

느부갓네살 왕이 그랬다.

어느 날 그는 궁전의 지붕 위를 거닐면서 독백을 했다. 그 독백은 그의 남은 생애를 바꿔 버릴 내용이었다.

"나 왕이 말하여 가로되 이 큰 바벨론은 내가 능력과 권세로 건설하여 나의 도성을 삼고 이것으로 내 위엄의 영광을 나타낸 것이 아니냐 하였더니" 단 4:30.

성경에 이르기를, 하나님은 교만에 빠진 느부갓네살에게 개입하셔서 그의 나라를 즉각 잃게 될 것이라고 선언하셨다고 한다. 느부갓네살은 궁전에서 쫓겨나 버림받은 자로 살아가야만 했다. 그의 머리털은 독수리 깃털처럼 자랐고, 손톱은 마치 새의 발톱같이 되었다. 심지어 정신병에 걸리기까지 했다. 그가 하나님을 만유의 통치자로 인정했을 때 비로소 하나님은 그의 정신과 나라를 회복시켜 주셨다.

그의 증언을 들어 보자.

"그 기한이 차매 나 느부갓네살이 하늘을 우러러 보았더니 내 총명이 다시 내게로 돌아온지라 이에 내가 지극히 높으신 자에게 감사하며 영생하시는 자를 찬양하고 존경하였노니 그 권세는 영원한 권세요 그 나라는 대대에 이르리로다 땅의 모든 거민을 없는 것같이 여기시며 하늘의 군사에게든지 땅의 거민에게든지 그는 자기 뜻대로 행하시나니 누가 그의 손을 금하든지 혹시 이르기를 네가 무엇을 하느냐 할 자가 없도다" 단 4:34-35.

우리 속에서 교만이 아우성칠 때 의식적으로 뒤로 물러서는 법을 배워야 한다. 성경에서 교만한 자들의 운명을 살펴보라. 겸손과 교만을 다루는 성경 말씀들을 묵상해 보라.

나는 다음 구절을 액자에 끼워서 사무실에 걸어 두었다.

"누가 너를 구별하였느뇨 네게 있는 것 중에 받지 아니한 것이 무엇이뇨 네가 받았은즉 어찌하여 받지 아니한 것같이 자랑하느뇨" 고전 4:7.

하나님이 당신에게 주신 기술이나 재능은 모두 그분의 영광을 위한 것이다. 인기가 올라갈 때 사람들의 찬사에 도취되지 말라. 찬사란 향수와 같은 것임을 기억하라. 만일 그것을 벌컥 들이킨다면 치명상을 입게 될 것이다.

오늘의 다짐 30 Days to Taming Your Tongue

"나의 나 된 것은 하나님의 은혜로 된 것이니" 고전 15:10.

주 여호와께서 학자의 혀를 내게 주사
나로 곤핍한 자를 말로 어떻게 도와줄 줄을 알게 하시고
아침마다 깨우치시되 나의 귀를 깨우치사
학자같이 알아듣게 하시도다 사 50:4

말|다|스|리|기 **둘째 주**

상처를 치유하는 말하기

30 Days to Taming Your
Tongue

제8일

자신을 경시하는 말, 성찰하는 말

"모세가 여호와께 고하되 주여 나는 본래 말에 능치 못한 자라
주께서 주의 종에게 명하신 후에도 그러하니
나는 입이 뻣뻣하고 혀가 둔한 자니이다" 출 4:10

자기 경시란 자신을 거의 무가치하거나 아무런 가치가 없는 존재로 여기며, 자신의 생각을 과소평가하는 것이다. 사탄은 우리를 한 극단에서 다른 극단으로 이끌려고 한다. 우리를 자랑하게 하거나 움츠러들게 한다. 자신이 '최고'라고 또는 '완전히 실패'했다고 생각하게 만든다. 사탄의 술책을 간과하지 말라.

자기 경시는 종종 겸손으로 위장한다. 하지만 실제로는 하나님의 말씀을 거부하는 것이다. 하나님의 말씀은 우리에게 힘주시는 그리스도를 통해 우리가 모든 것을 할 수 있다고 확언한다빌 4:13. 자신에 대한 부정적 시각을 주의하라. 다른 사람들이 당신을 어떻게 생각하는가는 별로 중요하지 않다. 중요한 것은 자신을 어떻게 생각하는가이다.

예수님이 귀신들린 사람을 고치신 기사를 살펴보라. "예수께서 네 이름이 무엇이냐 물으신즉 가로되 군대라 하니 이는 많은 귀신이 들렸음이라"눅 8:30.

'군대'는 6,000명으로 구성된 로마군의 주요 단위를 가리킨다. '군대'가 이 사람의 원래 이름이었던 것은 아니다. 그는 귀신들의 군대에 사로잡힌 상태를 영구적인 것으로 받아들이고 있었다. 너무나 오랫동안 그런 상태로 지냈던 까닭에 그는 아예 자신을 귀신들의 군대와 동일시했다.

자신을 부정적으로 규정 지은 적이 있는가? 당신은 오래도록 체중 감량을 위해 애를 썼지만, 눈에 띄는 성과를 거두지 못한 까닭에 자신을 '뚱보'라고 규정했을 수도 있다. 언젠가 희생당한 적이 있었던 까닭에 자신을 '희생자'라고 규정했을 수도 있다. 혹은 당신이 이혼했기 때문에 자신을 '실패자'로 여길 수도 있다. 이제 부정적 꼬리표를 떼어 내고 자신을 재규정할 때이다.

자기 경시는 하나님이 싫어하시는 것이다. 모세가 자신의 입술이 둔해서 이스라엘을 애굽의 속박으로부터 이끌어 내기에 부적합하다고 말했을 때, 하나님은 단호하게 그의 생각을 바로잡아 주셨다.

"여호와께서 그에게 이르시되 누가 사람의 입을 지었느뇨 누가 벙어리나 귀머거리나 눈 밝은 자나 소경이 되게 하였느뇨 나 여호와가 아니뇨 이제 가라 내가 네 입과 함께 있어서 할 말을 가르치리라" 출 4:11-12.

이는 거짓말을 할 수 없는 전능하신 분이 주신 놀라운 약속이었다. 자신이 무능하다는 생각을 버려야 한다. 우리는 하나님 없이 아무것도 할 수 없다. 하지만 그분과 함께라면 모든 것을 할 수 있다. 우리는 자신을 믿는 것이 아니라, 그분의 말씀을 믿기 때문에 힘주시는 하나님의 은혜를 확신하며 담대히 나아갈 수 있다.

오늘의 다짐 30 Days to Taming Your Tongue

하나님은 나에게 풍성한 은혜를 베푸신다. 그래서 나는 항상 모든 일에 충분한 능력을 발휘할 수 있으며, 모든 선한 일을 풍성히 이룰 수 있다.

제9일

중상하는 말, 칭찬하는 말

"미워함을 감추는 자는 거짓의 입술을 가진 자요
참소하는 자는 미련한 자니라" 잠 10:18

중상하는 자들은 다른 사람들의 명성이나 성품, 평판을 훼손시킬 의도로 그들에 관해 말하는 자들이다. 그 진술은 대개 부당하거나 거짓되며, 때로는 있는 그대로의 진실된 내용이기도 하다.

정치판의 선거 유세자들은 상대 후보를 불리하게 하려고 언론 매체들에 중상모략적인 정보를 흘리기로 악명이 높다. 요즘에는 선거 운동을 온전히 깨끗하게 진행시키는 후보자가 드물다. 하지만 중상은 정치인들에게만 국한되는 것이 아니다.

특정한 상황에 처하면 누구나 다른 사람을 헐뜯고 싶은 유혹을 받을 수 있다. 우리가 확신할 수 있는 한 가지는 천국에는 중상하는 자가 없다는 것이다.

"여호와여 주의 장막에 유할 자 누구오며 주의 성산에 거할 자 누구오니이까 정직하게 행하며 공의를 일삼으며 그 마음에 진실을 말하며 그 혀로 참소치 아니하고 그 벗에게 행악지 아니하며 그 이웃을 훼방치 아니하며" 시 15:1-3.

누군가를 헐뜯은 적이 있는가? 그렇게 하게 된 동기가 무엇이었는가? 다른 사람 앞에서 그 사람의 성품을 깎아내려야 하겠다고 생각한 이유는 무엇인가? 그 사람에게서 받은 상처 때문인가? 그의 성과에 샘이 났는가? 부러운 마음이 들 경우 그 사람을 헐뜯기보다는 자신의 목표를 이루기 위해 더욱 박차를 가해야 한다고 배우지 않았는가?

어떤 사람들은 너무 쉽게 위협을 느끼며 불안해 하기도 한다. 이러한 이유로 자신의 위치를 지키기 위해서는 '경쟁' 관계에 있는 자들의 성품을 비방해야 한다고 생각한다. 초대교회의 지도자들 중의 하나인 디오드레베의 경우가 그랬다.

요한이 교회 내에서 몇몇 교사들을 천거했을 때 디오드레베는 딜레마에 빠진 느낌이었다. 그는 그들 때문에 자신의 입지가 약해질 것이라는 두려움에 사로잡혀 그들을 받아들이지 않으려 했다. 요한은 그런 행동에 대해 당혹감을 느꼈고, 그래서 그 문제를 어떻게 처리할 것인지를 친구인 가이오에게 설명했다.

"이러므로 내가 가면 그 행한 일을 잊지 아니하리라 저가 악한 말로 우리를 망령되이 폄론하고도 유위부족하여 형제들을 접대치도 아니하고 접대하고자 하는 자를 금하여 교회에서 내어 쫓는도다" 요삼 1:10.

교회의 단체에서든, 세상의 단체에서든 디오드레베 같은 사람들을 많이 발견할 수 있다. 그들은 새로 온 사람들 중에 위협적인 사람들을 비방한다. 정당한 기술이나 재능 또는 자격을 갖추지 않고 부정한 수단을 통해 출세했다며 비난한다. 상대방에게서 결함을 찾아내려 한다. 그들의 생각과는 달리 상대방의 이미지를 훼손시킨다고 해서 자신의 이미지가 좋아지는 것은 아니다.

중상모략에 의지하는 것은 하나님의 약속을 확신하지 못함을 나타내는 분명한 증거이다. 이를테면, 시편 75:6-7을 통해 나는 승진이 사람에게서라기보다는 하나님으로부터 말미암은 것임을 확신한다. 이 진리로 인해 나는 팀워크를 중시한다. 내 촛불을 밝히기 위해 다른 사람의 촛불을 끌 필요가 없는 것이다.

하나님은 우리의 삶을 위한 자신의 목적을 그 어떤 사람도 방해할 수 없다고 선언하셨다.

"만군의 여호와께서 경영하셨은즉 누가 능히 그것을 폐하며 그 손을 펴셨은즉 누가 능히 그것을 돌이키랴" 사 14:27.

하나님은 우리의 운명을 안전하게 하시며, 우리에게 가해진 모든 핍박을 보복할 것이라고 약속하셨다. 그런데 무엇 때문에 중상에 몰두해야겠는가?

흥미롭게도 '중상' 또는 참소에 해당하는 헬라어는 '마귀'를 뜻하는 '디아볼로스' διάβολος에서 유래했다. 중상은 하나님이 혐오하시는 불법적이고 악마적인 행위이다. 헐뜯는 말로 다른 사람을 중상하는 것은 악한 씨앗을 심는 짓이다. 우리는 그 씨앗의 결실을 반드시 거두고야 말 것이다. "입을 지키는 자는 그 생명을 보전하나 입술을 크게 벌리는 자에게는 멸망이 오느니라" 잠 13:3.

오늘의 다짐 30 Days to Taming Your Tongue

나는 중상하는 사람이 되고 싶지 않다. 빌립보서 4:8을 대화를 거르는 체로 삼을 것이다. 따라서 무엇이든지 참되며, 경건하며, 옳으며, 정결하며, 사랑할 만하며, 칭찬할 만하며, 무슨 덕이 있거나 누군가를 칭찬할 만한 점을 발견하면 나는 있는 그대로 이야기할 것이다.

남의 말, 말을 절제하는 입술

"남의 말 하기를 좋아하는 자의 말은 별식과 같아서
뱃속 깊은 데로 내려가느니라" 잠 18:8

　미장원에 있는 여성들은 오프라 윈프리가 오랜 애인인 스테드먼 그레이엄과 결혼하지 않은 이유에 대해 나름대로 의견을 가지고 있는 것같이 보였다. 그 토론에 참여하기 싫었던 나는 책 읽기에만 열중했다.

　나 자신이 수다스러운 대화의 주제였던 적이 있었기 때문에 그런 비생산적인 이야기를 싫어한다. 나는 '그게 당신들과 무슨 상관이 있다는 거야? 왜 그런 데 관심을 기울이지?' 하고 생각하며 거기 앉아 있었다.

　가끔 당신은 다른 사람의 개인적 일에 관해 쓸데없이, 때로는 고의적으로 뒷담화를 하는가? 많은 사람에게 남의 뒷담화는 너무나 맛있는 음식과 같아서 거부하기 힘든 것이다. 본서를 읽고 있는 독자들 모두 한 번쯤은 수다떠는 자로서든, 듣는 자로서든 이런 심심풀이에 동참한 적이 있을 것이라고 나는 확신한다. 그런 행동이 야기하는 부정적 결과는 어떠할까?

　남의 뒷담화를 하면 자존감이 떨어질 수 있다. 왜냐하면 뒷담화를 할 때에는 자신이 정직하게 하고 있지 않음을 깨닫는 경우가 많기 때문이다. 우리가 자신에 대해 가장 좋은 느낌을 갖는 때는 하나님을 기쁘게 해드리는 일을 할 때이다. 하나님이 우리를 창조하신 것은 그분의 기쁨을 위해서이다.

　그러면 해결책은 무엇일까? 어떻게 하면 뒷담화를 멈출 수 있을까? 그런 말이 나오려고 할 때 입을 단속하라. 왜 그런 말을 입에 담으려고 하는지 자신에게 물어보라.

　상대방과 우애를 쌓는 길이 이것뿐인가? 관심을 끌고 싶은가? 어떤 사람에 관한 부정적 이야기를 안다는 데에서 그것을 모르는 사람에 비해 우월감을 느끼는가? 다른 사람의 성과를 시샘하는가? 왜 당신은 남의 뒷담화를 주워 담음으로써 하나님의 성전을 '쓰레기통'으로 만들려 하는가?

뒷담화를 통해 얻은 정보로 무엇을 할 계획인가? 사는 것이 지겨워져서 보다 의미 있는 활동이 필요한가? 내가 관찰한 바에 의하면, 자신의 목표와 열망을 열심히 추구하는 사람들은 좀처럼 남의 문제를 놓고서 시간을 허비하지 않는다.

남의 뒷담화를 하지 않겠다고 진지하게 결심했다면, 당신은 그것에 대항하여 전면적인 싸움을 시작해야 한다. 다른 사람의 '흥미진진한' 뒷담화를 하지도 않고, 듣지도 않을 것임을 모두에게 알리라. 일터에서든, 가정에서든, 즐겁게 노는 곳에서든 당신의 주변을 '뒷담화 금지구역'으로 선언하라.

수다쟁이가 되지 않도록 모든 노력을 다 기울이라. 잠언 20:19은 "두루 다니며 한담하는 자는 남의 비밀을 누설하나니 입술을 벌린 자를 사귀지 말지니라"고 경고한다.

어떤 사람이 사무실에 들어와서 남의 말을 하거나 다른 불경건한 이야기를 꺼내면, 나는 내 혀에게 "말 금식!" 하고 명한다. 그러면 그 사람은 내가 그 대화에 끼어들 생각이 없음을 곧바로 알아차린다.

남의 말을 하거나 듣기를 거부하면 방문객이나 걸려오는 전화가 적어질 수도 있다. 하지만 그로 인한 효과는 대단하다. 내가 미국 전역으로부터 받은 이메일과 전화와 편지들에 의하면, 말 금식이 자신의 삶에 엄청난 효력을 미쳤다고들 한다.

당신의 혀가 의義의 도구로 사용될 때 하늘에서의 상급이 늘어날 것이다. 그리고 하나님 아버지를 온전히 의지하는 마음으로 "나의 반석이시요 나의 구속자이신 여호와여 내 입의 말과 마음의 묵상이 주의 앞에 열납되기를 원하나이다" 시 19:14라고 겸손히 고할 수 있을 것이다.

오늘의 다짐 30 Days to Taming Your Tongue

나는 다른 사람의 일에 간섭하는 사람이 아니다. 따라서 내 혀를 남의 말을 하는 도구로 사용하지 않을 것이다.

참견하는 말, 지원하는 말

"너희 가운데 규모 없이 행하여
도무지 일하지 아니하고 일만 만드는 자들이 있다 하니" 살후 3:11

참견자로는 시어머니들이 유명하지만, 이 악덕이 그들만의 전유물인 것은 아니다. 남자, 친지, 직장 동료, 마음씨 좋은 친구들도 가끔 남의 일을 꼬치꼬치 캐기 쉽다.

참견자들은 대체로 상대방의 개인 정보를 직접 캐내려 한다. "그 비싼 제품을 어떻게 샀어요?", "당신이 입고 있는 옷의 치수가 얼마예요?", "이 집을 얼마 주고 샀어요?", "당신은 실직 상태로 얼마나 버틸 수 있나요?"

이런 질문의 목적은 질문자 자신의 기분을 흡족하게 하는 데 있을 뿐이다. 물론 문의하는 사람들 모두가 참견하고 있는 것은 아니다. 다른 사람들을 돕는 일에 진지한 관심을 가진 사람들도 많다.

진실한 배려에서든 단지 호기심에서든 당신이 병든 사람과 대화할 때에는 꼬치꼬치 캐묻는 질문을 각별히 삼갈 필요가 있다. "당신의 상태에 대해 의사가 뭐라고 말하던가요?" 이것은 나쁜 질문이다. 그 환자가 건강 상태에 관한 구체적 정보를 스스로 말할 때까지 기다리는 것이 가장 낫다.

당신이 호기심이 강한 사람이라면 필요 이상으로 꼬치꼬치 캐묻지 않도록 각별히 주의해야 한다. 어떤 상황에서는 당신이 참견할 의도가 없었을 수도 있다. 그럼에도 불구하고 당신이 캐묻는 과정에서 상대방에게 상처를 줄 수 있다.

내 남편은 참견을 싫어한다. 남편이 자동차나 오락용 물건들을 구입했을 경우, 나는 그 가격을 묻는 내 질문에 부드럽게 대답해 줄 것을 번번이 요구하곤 한다. 종종 그는 "당신도 하나 사려고 그래?" 하고 대답한다.

누군가가 어떤 물건값을 물어보면 대개 나는 대략적인 가격을 말해 준다. 나는 그런 질문이 참견으로 여겨질 수 있음을 모르는 사람들도 있다는 사실을 염두에 두려고 노력한다. 대체로 "미안하지만 그건 비밀이에요." 또는 "그건 사적인 부분이에요."라는 간단한 대답만으로도 더 이상 캐묻지 못하게 할 수 있다.

성경은 참견에 관해 흥미로운 견해를 제시한다. "길로 지나다가 자기에게 상관없는 다툼을 간섭하는 자는 개 귀를 잡는 자와 같으니라"잠 26:17. 귀는 개에게 가장 민감한 부분들 중 하나이다. 따라서 개의 귀를 잡아당기면 개가 물 수도 있다. 마찬가지로 남의 일에 섣불리 간섭하다가는 부정적 반응에 직면할 수 있다.

나는 이 사실을 경험을 통해 배웠다. 내 친척 가운데 한 명이 심각한 재정 위기에 직면했다. 그녀의 요청으로 우리는 몇 시간 동안 함께 앉아 의논했다. 그녀의 빚을 청산하고, 그녀를 정상 궤도로 다시 올려놓기 위한 계획을 짜내기 위해서였다. 후에 그녀는 내 도움 덕분에 많은 돈을 벌었다. 어느 날 내가 그 계획을 그녀에게 상기시켰을 때 그녀는 간섭받는다고 생각했는지 버럭 화를 냈다. 그녀는 자신이 어린아이가 아니며 혼자서도 일을 잘 처리할 수 있다고 말했다. 나는 몹시 실망했다. 왜냐하면 나의 동기는 순수했고 간섭하려는 생각이 전혀 없었기 때문이다.

그 일을 통해 비록 참견할 권한이 있는 상황이라도 부드럽게 다가가야 한다는 교훈을 얻었다. 당신은 먼저 기도하고 문제를 하나님께 맡길 수도 있다. 그분의 영향력은 언제나 우리보다 월등하다.

당신이 부모라면 미숙한 자녀가 그릇된 길로 가지 못하도록 간섭하는 경우가 있다. 자녀의 부정적 태도나 거부 반응에 대해 염려하지 말라. 대부분의 자녀들은 결국 부모의 간섭을 감사하게 될 것이다. 당신의 자녀가 성인이 되었다면 성인에게는 양육이 필요하지 않다는 사실을 받아들이려고 노력하라. 나쁜 씨앗을 뿌리면 나쁜 결실을 거둔다는 법칙은 인생의 교훈을 가장 효과적으로 가르치는 스승이다. 그 교훈을 배울 수 있는 기회를 그들에게 허용하라.

당신이 참견하기 좋아하는 사람이라면 하나님은 그것을 작은 문제로 여기지 않으신다는 점을 명심하라. 그분은 이 죄를 살인이나 도적질과 같은 부류로 여기신다.

"너희 중에 누구든지 살인이나 도적질이나 악행이나 남의 일을 간섭하는 자로 고난을 받지 말려니와" 벧전 4:15.

간섭하고 싶은 유혹을 받을 때 스스로에게 이렇게 물어보라. "내가 이 문제를 꼬치꼬치 캐는 것은 진심으로 사심 없는 동기인가, 아니면 나 자신의 어떤 목적을 이루기 위해서인가?"

혹자는 이르기를, 자기 일에만 신경쓰는 사람들이 성공하는 이유 중 하나는 불필요한 경쟁에 빠져들지 않기 때문이라고 했다. 그 점을 기억하라!

오늘의 다짐 30 Days to Taming Your Tongue

나는 다른 사람들에게 진실한 관심을 가질 것이다. 그리고 그들을 돕고, 사랑하고, 지원하는 데 활용될 정보만을 그들에게서 얻겠다.

누설하는 말, 비밀을 지키는 입술

"두루 다니며 한담하는 자는 남의 비밀을 누설하나
마음이 신실한 자는 그런 것을 숨기느니라" 잠 11:13

누설은 남의 뒷담화를 하는 것보다 더 나쁜 행동이다. 남의 말을 하는 사람이 그 대상자에게 늘 악한 뜻을 품고 있는 것은 아니다. 그러나 밀고자는 신뢰를 저버리고 어떤 정보를 누설한다. 그는 '대적'에게 정보를 제공하며 자신을 신뢰한 사람과의 인간관계를 배신한다. 이처럼 불경건한 말은 상대방에게 상처나 손실을 준다.

가룟 유다가 예수님을 쉽게 팔아넘길 수 있었던 것은 그분과 매우 친밀한 사이였기 때문이다.

"거기는 예수께서 제자들과 가끔 모이시는 곳이므로 예수를 파는 유다도 그곳을 알더라" 요 18:2.

유다는 예수님을 해치기 위해 자신이 알고 있는 그분의 습관을 이용했다. 후에 밀고자 유다는 심한 자기 혐오에 사로잡혀 자살하고 말았다. 누설하는 행동은 자존감을 해친다.

당신은 누군가의 신뢰를 저버린 적이 있는가? 솔직하라. 왜 그랬는가? 그 결말은 어떠했는가? 그로 인해 무슨 유익을 얻었는가? 당시에 시기심을 품고 있었는가? 상대방과의 다툼이 있었는가? 그 죄를 회개했는가?

역으로 누군가가 신뢰를 저버린 적이 있는가? 당신이 뿌렸던 것을 거두었는가? 그 사건을 통해 얻은 소중한 교훈은 무엇인가? 당신은 가해자를 내심으로 용서하고 더 이상 보복하지 않기로 했는가? 아니면 지금도 그 사람에 대한 악감정이 당신의 삶을 조종하고 있는가? 그것을 놓아주라.

그 누설이 행해지기 전에 그리고 그것이 진행되는 중에도 하나님은 다 보고 계셨다. 하나님도 개입하지 않기로 하셨으므로 그것을 당신의 삶을 위한 그분의 주권적인 계획의 일부로 받아들이라.

그 고통을 통해 배우라. 하지만 살기 위해서는 용서하라. 결국에는 그 사건이 합력하여 당신을 위해 선을 이룰 것임을 명심하라. 왜냐하면 당신은 하나님을 사랑하며 그분의 목적에 따라 부르심을 입었기 때문이다 롬 8:28.

다른 사람들이 자신의 비밀을 지켜 달라며 의지할 수 있는, 신뢰받을 수 있는 사람이 되려고 노력하라. 당신이 신뢰할 만한 친구를 갖는 복을 받았다면 그토록 드문 보배를 주신 하나님께 감사하라.

오늘의 다짐 30 Days to Taming Your Tongue

나는 다른 사람들의 신뢰를 받을 만하고, 비밀을 지켜 줄 만한 의지 대상이 될 것이다.

흠잡는 말, 세우는 말

"무릇 더러운 말은 너희 입 밖에도 내지 말고
오직 덕을 세우는 데 소용되는 대로 선한 말을 하여
듣는 자들에게 은혜를 끼치게 하라" 엡 4:29

사람들은 당신과 함께 시간을 보낸 후 그들 자신에 대해 더 뿌듯한 느낌을 갖게 되는가? 아니면 당신은 사람들에 대한 기대감이 너무 커서 주로 그들의 장점보다는 약점을 이야기하는가? 누군가가 당신이 시기하는 사람을 좋게 말하면 당신은 곧바로 험담하는 말을 덧붙이는가? 당신은 너무 불안정한 까닭에 다른 사람들을 헐뜯어야만 마음이 놓이는가?

"그러므로 피차 권면하고 피차 덕을 세우기를 너희가 하는 것같이 하라"살전 5:11.

우리 집에서 내부 확장 공사를 할 때 나는 망치의 용도에 매혹되었다. 그것은 건설 과정에서는 물론이고 파괴에도 사용되었다. 말도 마찬가지이다. 말은 마음을 헐어 버릴 수도 있고 세울 수도 있다. 당신은 말을 주로 어떻게 사용하는가? 주로 상대방을 세워 주는 말을 하는가?

말 금식 기간 동안 가족이나 종업원, 동료 직원, 살아가면서 만나는 모든 사람에게 마치 치어리더나 코치처럼 처신함으로 흠잡으려는 마음을 극복하라. 치어리더는 선수들이 할 수 있다고 말한다. 코치는 목표에 도달하는 법에 대해 말한다. 그들은 모두 선수들의 승리를 원하는 같은 목표를 갖고 있다. 내 경험으로 미루어 볼 때, 당신이 목표 지향적이며 부하 직원을 몰아붙이는 사람이라면 코치처럼 행동하는 것이 처음에는 부담스러울 수도 있다.

어쩌면 당신은 종업원에게 제일 중요한 격려 수단은 급료라고 생각할지도 모른다. 주의하라! 그런 생각은 시대에 뒤떨어진 것이며, 근본적으로 수정될 필요가 있다. 만일 생산성을 극대화시키기를 원한다면 종업원들을 세워 주는 법을 배우라.

무능한 종업원들에 대해서는 코치하고 싶지 않은 것이 나의 자연스럽고도 솔직한 성향이다. 나는 그들을 쫓아내고 싶을 뿐이다. 그리고 새로운 슈퍼스타들을 채용하고 싶다.

하지만 내가 경험한 바에 의하면, 미숙한 종업원들을 약간만 긍정적으로 인정해 주거나 그들의 손을 잠시 잡아 주거나 그들과 충분한 대화를 나눔으로써 건방진 슈퍼스타에게서 기대하기 힘든 생산성과 충성심을 얻는 경우가 종종 있다.

가족이나 친구들을 인정해 주는 것을 습관화하라. 남편은 아내에게 아내가 자신에게 있어서 유일한 여성임을 말하라. 아내는 남편의 책임감에 대해 감사하는 마음을 표하라. 마약과 알코올을 멀리하는 십대 자녀를 칭찬하라. 당신의 비밀을 지켜 주는 친구에게 감사하라. 그리고 상대방에게서 무엇인가를 부단히 '고치려' 들려는 유혹을 거부하고 그의 있는 모습 그대로를 받아들이라.

오늘의 다짐 30 Days to Taming Your Tongue

내 입에서 불건전한 이야기가 나오지 않고, 다른 사람들을 세우는 데 도움이 되는 말만 나오게 할 것이다. 그래서 듣는 사람들에게 유익을 주겠다.

제14일

냉소적인 말, 긍정적인 말

"복 있는 사람은 악인의 꾀를 좇지 아니하며 죄인의 길에 서지 아니하며
오만한 자의 자리에 앉지 아니하고" 시 1:1

다윗의 맏형 엘리압은 정말 냉소적이었다.

다윗은 전쟁터로 내려가서 이스라엘 사람들을 위협하는 블레셋의 거인 골리앗을 보았을 때 분노가 치밀었다. 그는 이 "할례 없는 블레셋 사람"을 자신이 처치하겠다며 열정적이고도 확신 있게 말했다 삼상 17:36.

할례는 이스라엘을 보호하시며 그들에게 필요한 것을 공급하시는 하나님의 언약의 표시였다.

다윗은 그 깡패 같은 자가 하나님과 더불어 그런 언약을 맺은 적이 없다는 것을 알고 있었다. 그런 특권을 주장할 수 있는 존재는 이스라엘뿐이었다. 다윗은 그 언약을 확신했고 하나님의 약속을 전적으로 믿었다. 하지만 엘리압은 그러지 않았던 것 같다.

"장형 엘리압이 다윗의 사람들에게 하는 말을 들은지라 그가 다윗에게 노를 발하여 가로되 네가 어찌하여 이리로 내려왔느냐 들에 있는 몇 양을 뉘게 맡겼느냐 나는 네 교만과 네 마음의 완악함을 아노니 네가 전쟁을 구경하러 왔도다 다윗이 가로되 내가 무엇을 하였나이까"

삼상 17:28-29.

'엘리압'이라는 이름은 '하나님은 나의 아버지'라는 뜻이다(그런 이름을 가진 자가 거인에게 쫓겨 달아나는 모습을 한번 상상해 보라). 그는 다윗의 확신과 진의를 멸시했고, 냉소주의에 사로잡혀 있었다.

냉소적인 사람은 다른 사람들의 진의를 멸시한다. 냉소주의는 독과 같고, 그것이 있는 곳에는 독이 퍼지기 마련이다. 냉소주의에 의존하면 자신은 물론이거니와 다른 사람의 영혼마저 망가뜨린다. 냉소적인 종업원이 한 명 생기면 마음이 약한 자들이 끼어 들고, 부정적 대화가 계속 이어진다. 그것은 어떤 상황에서든 어떤 관계라도 허물어뜨릴 수 있다.

중요한 일을 마감하려고 동분서주하는 직원들을 관리하는 위치에 있었을 때, 나는 가끔 그들에게 점심을 대접하여 사기를 높여 주려고 노력했다. 그러자면 우리 부서는 2-3시간 정도 문을 닫아야 했기 때문에 모두들 의무적으로 식사 자리에 참석해야 했다.

하지만 비사교적인 불평꾼이 한 사람 있었다. 회식하러 나갈 때마다 그는 늘 냉소적인 말로 트집을 잡으며 회사 전체에 대해 부정적 태도를 보였다.

결국 나는 그녀를 혼자 사무실에 남겨 두고 나머지 직원들과 함께 좋은 시간을 갖기 시작했고, 냉소적인 사람으로부터는 멀리 떨어지는 것이 최선임을 알게 되었다.

말 금식을 진행하는 동안 여러 상황에서 나오는 당신의 말을 주의 깊게 관찰하며, 당신이 혹시 냉소적이거나 경멸적이지는 않은지 냉철하게 살펴보라.

오늘의 다짐 30 Days to Taming Your Tongue

나는 악인의 꾀를 좇지 아니하며, 죄인의 길에 서지 아니하며, 오만한 자의 자리에 앉지 않기 때문에 복 있는 사람이다.

외인을 향하여서는 지혜로 행하여 세월을 아끼라
너희 말을 항상 은혜 가운데서 소금으로 고루게 함같이 하라
그리하면 각 사람에게 마땅히 대답할 것을 알리라 골 4:5-6

말|다|스|리|기| **셋째 주**

관계를 회복시키는
말하기

30 Days to Taming Your
Tongue

제15일

아는 체하는 말, 경청하는 말

"슬기로운 자는 지식을 감추어 두어도" 잠 12:23

당신은 아는 것이 너무 많기 때문에 요구받지 않은 정보라도 반드시 제공해야 직성이 풀리는가? 자신의 견해를 과도하게 중시하는가? "당신은 ……해야 해요."라는 표현을 자주 쓰는가? 정서적으로 건강한 대부분의 사람들은 늘 최선책을 알고 있는 체하는 사람을 불쾌하게 여길 것이다.

누구든 독립적인 경로를 추구하다 보면 때로는 불확실한 길에 들어설 수도 있다는 점을 인정해야 한다. 설령 어떤 사람의 삶에 개입하거나 요구받지도 않은 조언을 할 권리가 당신에게 있다는 생각이 들지라도 조심스럽게 접근해야 한다. "당신은 ……해야 해요."보다는 "……를 고려해 보셨어요?"라는 표현이 훨씬 덜 통제적이며 거부감도 덜하다.

기혼 여성들이여, 주의하라! 진정한 남자들은 '엄마'를 찾지 않는다. 결혼하기 직전에 나의 영적 멘토들 중 한 명이 조언해 주었다. "우리는 당신이 현명하다는 걸 알아요. 하지만 모든 것을 안다고 해서 다 내보이지는 마세요. 때로는 남편이 무언가에 대해 안다는 것을 내보이도록 기회를 주세요."

나는 25년 이상 이 간단한 지혜에 유의했고 그리하여 좋은 결과를 얻을 수 있었다.

설령 당신이 어떤 상황에 대한 지식과 식견을 가지고 있더라도 때로는 침묵하며, 다른 사람이 당신에게 설명하는 기쁨과 만족감을 느끼게 하는 것이 지혜롭다.

"슬기로운 자는 지식을 감추어 두어도 미련한 자의 마음은 미련한 것을 전파하느니라" 잠 12:23.

거의 모든 주제에 관해 전문가 역할을 자청하는 것은 교만하다는 표시이며, 하나님과 사람에게 혐오감을 불러일으키는 행동이다.

아는 체하는 말을 억제하려면 어떻게 해야 할까?

먼저 당신이 이미 알고 있는 정보를 어떤 사람이 당신에게 전하게 하는 것도 좋은 방법이다. 물론 당신은 그 정보를 아는 체하지 말아야 한다. 이것은 겸손과 정서적 성숙을 훈련하는 데 있어 큰 도움이 된다.

종종 남편과 내가 자동차처럼 값 나가는 물건을 구입하려 할 때 판매원(대체로 남자 판매원)은 가만히 듣고 있는 나를 보면서 흡족한 표정을 짓는다. 내가 재정에 대해 아무것도 모른다고 생각하며 그는 대부 조건이나 그 거래와 관련한 다른 재정적 측면들을 유창하게 설명한다.

경험 많은 공인회계사라는 내 신분을 그가 나중에 알게 되면 그의 얼굴에는 놀라는 기색이 역력하다. 물론 남편도 "아내는 이미 그런 내용을 잘 알고 있어요."라고 말하고 싶어하지만 꾹 참고 있다. 내가 가만히 듣기만 하는 것은 겸손을 훈련하기 위해서이다.

자존감이 낮은 사람들은 뛰어난 사람 앞에 서면 열등감을 느낄 수 있다. 그런 상황에서 그 사람이 지적 우월성을 드러낸다면 다른 사람들로부터 멀어질 것이다. 그 사람을 깎아내리기 위해 그의 약점을 찾으려는 자들도 있을 것이다.

당신이 아는 체하는 성향을 지니고 있다면 솔직한 자기 반성을 해볼 필요가 있다.

당신의 지식을 드러내는 것이 불안함을 감추기 위한 연막인가? 다른 사람의 관심과 인정받기를 갈망하고 있는가?

그룹 차원에서 모일 때에는 다른 사람들의 말에 적극적으로 귀를 기울이고, 그들의 아이디어를 구하고, 누군가의 견해를 고치려 하거나 반박하지 않고 당신의 생각을 한두 가지만 제시하는 것이 좋을 것이다. 사람들이 당신과 함께하면 서로의 아이디어를 나눌 수 있다고 생각할 때 당신의 인간관계는 향상될 것이다.

오늘의 다짐 30 Days to Taming Your Tongue

나는 신중하기 때문에 내 지식을 과시하지 않을 것이다.

과격한 말, 친절한 말

"유순한 대답은 분노를 쉬게 하여도
과격한 말은 노를 격동하느니라" 잠 15:1

다른 사람들의 무능함과 낮은 생산성에 실망한 나머지 나는 과격하다고 느껴질 정도로 거친 말을 퍼부을 때도 있다. 작업 실적을 유달리 중시하는 회사에서 일했을 때 나는 종업원들에게 거친 표현을 쓰는 것이 능사라고 생각했다. 하지만 그처럼 분별없이 혀를 놀린다고 해서 긍정적인 결과가 나타나는 것은 아니었다.

솔로몬은 잠언에서 현숙한 여인에 대해 "입을 열어 지혜를 베풀며 그 혀로 인애의 법을 말하며" 잠 31:26라고 말한다. 남에게 친절하게 말하는 것은 이 여인의 삶을 구성하는 핵심 원리들 중 하나였다.

우리가 내뱉는 과격하거나 불친절한 말에 대해서는 정당화할 수 있는 여지가 전혀 없다. 만일 우리가 하나님을 아버지로 믿는다면 그런 말을 하지 않을 것이다. 따뜻하고 이해심 있는 그리고 동정적인 말을 의도적으로 고를 것이다.

우리는 하나님의 은혜의 청지기로서 동일한 은혜를 다른 사람들에게 베풀어야 한다. 친절한 대우를 받을 자격이 없어 보이는 사람들에게도 친절하게 말하는 습관을 길러야 한다. 그런 것이 바로 은혜이기 때문이다. 주의하라! 그렇다고 해서 현실을 외면하고 문제 상황을 처리하기를 거부해야 한다는 것은 아니다.

누군가에게 접근하기 전에 우리는 먼저 하나님께 나아가 그분의 말씀을 들어야 한다. 그 말씀은 언제나 바람직한 결과를 가져다 준다. "내 입에서 나가는 말도 헛되이 내게로 돌아오지 아니하고 나의 뜻을 이루며 나의 명하여 보낸 일에 형통하리라" 사 55:11. 과격해진 상태에서는 하나님의 목적을 이룰 수가 없다.

과격한 말의 정도는 다양하며, 그 극단적 형태는 욕설이다. "막대기와 돌멩이는 내 뼈를 부러뜨릴 수 있으나, 말은 결코 나를 상하게 하지 못한다."라는 옛말은 완전히 틀린 말이다. 과격한 말은 결코 잊혀지지 않으며 평생 따라다니면서 악영향을 미칠 수 있다.

오늘날 사회에서 버림받은 자들 중에는 이전에 언어 폭력에 시달렸던 사람들이 많다. 가해자는 그들의 부모, 교사, 배우자, 정서적 결함을 지닌 어떤 사람들일 수도 있다.

당신이 화날 때 과격한 말을 밥 먹듯이 한다면 하나님께 구원을 간구하라. 분노 처리 강좌에 참석하는 것을 포함하여 필요한 조치를 무엇이든 강구하라.

솔로몬은 "노하기를 더디 하는 자는 용사보다 낫고 자기의 마음을 다스리는 자는 성을 빼앗는 자보다 나으니라" 잠 16:32고 말했다. 당신은 성령의 능력으로 그처럼 파괴적인 행동을 통제할 수 있다.

한번 베인 것은 결코 회복될 수 없음을 기억하며, 과격한 말이나 욕설은 입에 담지 말라. 친절을 삶의 핵심 원리들 중 하나로 삼으라.

오늘의 다짐 30 Days to Taming Your Tongue

나는 지혜로써 입을 열겠다. 나의 혀에는 인애의 법이 있다.

제17일

요령 없는 말, 융통성 있는 말

"너희 말을 항상 은혜 가운데서 소금으로 고르게 함같이 하라
그리하면 각 사람에게 마땅히 대답할 것을 알리라" 골 4:6

다니엘과 세 친구들은 심각한 딜레마에 직면했다.

바벨론 왕인 느부갓네살은 예루살렘을 포위하여 그 거주민들을 포로로 잡아갔다. 그는 귀족 출신의 잘생기고 총명한 젊은이들을 골라서 3년간의 훈련 과정을 마치게 한 후에 자신의 궁전에서 섬기게 할 작정이었다. 문제는 그 왕이 제시한 식단을 따르자면 유대인의 엄격한 음식 규례를 범해야 한다는 것이었다. 다니엘은 반발의 기미를 전혀 보이지 않고 능숙하게 궁지에서 벗어났다.

"다니엘은 뜻을 정하여 왕의 진미와 그의 마시는 포도주로 자기를 더럽히지 아니하리라 하고 자기를 더럽히지 않게 하기를 환관장에게 구하니" 단 1:8.

다니엘이 다른 식사 계획을 따르게 해 달라는 부탁을 매우 재치 있게 했다는 점에 주목하라. 물론 그는 어떤 상황에서도 부정한 음식을 먹지 않겠다고 이미 결심했었다. 하나님은 다니엘이 환관장에게서 은혜를 입을 수 있도록 인도하셔서 환관장은 다니엘에게 채식을 허용했다.

이 이야기는 요령 없게 처신하기보다는 지혜롭게 수완을 발휘할 때 더 많은 유익을 얻을 수 있다는 교훈을 안겨 준다.

나는 수완을 발휘할 필요성이 절실할 때가 자주 있었다. 직설적이고 솔직한 대화 스타일로 인해 나는 궁지에 빠졌던 적이 더러 있었다.

솔직함이 최선책이긴 하지만, 솔직하다고 해서 자신이 원하는 대로 무슨 말이든 다 해도 되는 것은 아니다. 우리가 계발할 수 있는 가장 중요한 기술 중 하나는 남을 섬세하게 배려할 수 있는, 그래서 어려운 상황에 처했을 때에도 남의 감정을 거슬리게 하지 않고 말할 수 있는 능력이다.

당신은 자비로운 모습을 보이는 것이 하나님의 은혜로 충만함을 자부하는 자들에게는 쉬운 일일 것이라고 생각할지도 모른다. 하지만 꼭 그런 것은 아니다. 우리의 자비롭지 못한 모습이 어릴 적에 보았던 대화 스타일에서 비롯된 경우도 있다.

내 삶에 가장 큰 영향을 미쳤던 사람들 중의 한 분은 과격한 말을 듣고도 자신의 감정을 솔직하게 표현하지 않고 에둘러 말하곤 했다. 그래서 종종 사람들은 그녀의 친절한 태도를 이용했다. 그때 나는 그런 식의 주저하는 말투를 결코 사용하지 않고 내 의사와 말뜻을 분명하게 표현할 것이라고 다짐했다.

훗날 내가 이 같은 정서적 결함을 깨닫고 회개했을 때, 성령님은 이와 관련하여 균형 감각을 갖도록 계속 역사하셨다. 그런 결함을 제거할 수 있게 하는 것은 하나님의 은혜뿐임을 나는 충분히 깨달았다.

늘 잔인할 정도로 솔직해야 하는 것일까? 결국 우리가 잔인해지지 않고서는 솔직할 수 없는 것일까? 욥은 시련 속에서도 "옳은 말은 어찌 그리 유력한지" 욥 6:25라고 말했다. 진실은 늘 고통을 수반해야 하는 것일까? 어떤 사람이 진실한 말을 들었을 때 느끼는 고통의 크기는 그의 정서적 안정감의 정도나 자존감 또는 성장 욕구 등을 포함한 여러 가지 변수들에 의존한다.

은혜를 베푸는 것과 진실을 말하는 것이 서로 배타적인 개념이 아님을 이해해야 한다. 우리는 진실을 재치 있게 말할 수 있다. "율법은 모세로 말미암아 주신 것이요 은혜와 진리는 예수 그리스도로 말미암아 온 것이라" 요 1:17. 예수님은 은혜로우셨지만 그로 인해 진리로부터 멀어지지는 않으셨다.

천박스러운 솔직함은 어떠한가? 당신은 의도적으로 요령 없게 처신한 적이 있는가? 나는 그런 적이 있다. 훗날 그 상황을 되돌아보았을 때 나는 비록 진실을 말하긴 했지만 내 행동의 근저에는 분노와 낙심, 좌절과 보복심이 자리잡고 있었음을 깨달았다.

윌리엄 블레이크는 "나쁜 의도로 말한 진실은 당신이 생각해 낼 수 있는 모든 거짓말에 맞먹는다."고 말했다. 고의적으로든 비고의적으로든 요령 없이 처신한 데 대해서는 재빨리 사과해야 한다.

모든 상황에서 재치 있게 처신하는 습관을 키우는 것이 중요하다. 나는 한 여성에 관한 이야기를 들은 적이 있다. 사업차 여행을 떠나면서 같이 사는 친정 어머니와 고양이를 돌보아 줄 것을 남편 톰에게 부탁했다. 그녀는 걱정스러운 마음에 매일 집으로 전화했다.

사흘 후 톰은 며칠 전에 밖으로 달아났던 고양이가 지붕 위에 올라가 있다고 아내에게 말했다. 그는 고양이를 구슬려서 내려오게 하려고 애썼지만 소용이 없었다. 안타깝게도 고양이는 풀쩍 뛰다가 심한 상처를 입었고, 그는 고양이를 수의사에게 데려갔다.

다음날, 수심에 찬 그녀는 고양이의 상태가 궁금해 전화했다. 그녀의 남편은 아무런 감정도 없이 무덤덤하게 "고양이가 죽었어."라고만 대답했다. 그녀는 남편의 둔감한 태도에 질겁을 했고, 그래서 그 점을 따졌다.

"당신은 어쩌면 그렇게 무뚝뚝할 수가 있어요? 내가 첫날에 전화했을 때 '여보, 고양이가 지붕 위에 있어요.'라고 말할 수 있었어요. 둘째 날에는 '고양이를 수의사에게 데리고 갔고, 고양이의 상태가 별로 좋아 보이지 않아요.'라고 말할 수 있었어요. 오늘도 '여보, 고양이가 죽었소. 미안해요.'라고 말할 수도 있었어요. 당신이라는 사람을 정말 이해할 수가 없네요."

실망감을 토로한 그녀는 "그건 그렇고, 어머니는 어떠세요?"라고 조용히 물었다. 그러자 톰은 느릿하게 대답했다. "장모님은 지붕 위에 있어요."

그렇다. 재치 있는 사람이 되려면 어느 정도 연습이 필요하다. 톰과 마찬가지로 우리도 곧바로 성공하지 못할 수도 있다. 하지만 요령 없이 말하는 자신을 발견할 때, 우리는 연방통신위원회가 방송사들에게 지시하는 식으로 할 수 있다. 그것은 송신을 지연하라는 지시이다.

우리는 마음속에 떠오르는 말들을 돌아보고 그것들이 미치게 될 영향을 평가할 수 있다. 그렇게 하고 나서 성령님의 인도하심에 복종할 수 있다. 거북스럽기 짝이 없을 정도로 무뚝뚝한 말버릇을 고치기 위해서는 이런 연습을 하는 수밖에 없다.

오늘의 다짐 30 Days to Taming Your Tongue

나는 사랑으로 진실을 말함으로써 은혜의 소금으로 '말'이라고 하는 요리의 간을 맞추겠다.

위협하는 말, 도와주는 말

"또 이르되 내게로 오라
내가 네 고기를 공중의 새들과 들짐승들에게 주리라" 삼상 17:44

골리앗은 전투 경험도 없는 다윗을 죽이는 것은 '식은 죽 먹기'라고 생각했다.

그럼에도 불구하고 그는 다윗을 쓰러뜨리기 전에 몇 마디 협박의 말을 던지기로 결심했다. 그는 다윗을 욕했고 위협했으며, 다윗의 잠재력을 과소평가하려 했다.

이는 협박에 능한 자들이 즐겨 쓰는 술책이다.

다윗의 반응은 골리앗의 기대와는 영 딴판이었다. 두려워 압도당하기보다는 하나님을 향한 신앙을 담대히 선언했다.

"다윗이 블레셋 사람에게 이르되 너는 칼과 창과 단창으로 내게 오거니와 나는 만군의 여호와의 이름 곧 네가 모욕하는 이스라엘 군대의 하나님의 이름으로 네게 가노라 오늘 여호와께서 너를 내 손에 붙이시리니 내가 너를 쳐서 네 머리를 베고" 삼상 17:45-46.

협박자는 상대방이 자신의 말을 듣고서 맥이 풀리기를 기대한다. 때로는 당신이 협박자로 인해 기죽지 않음을, 하나님으로부터 받은 능력으로 그의 술책을 타파할 수 있음을 협박자에게 알려 주어야 하는 것도 바로 그 때문이다.

한번은 내가 어느 건축 회사의 현장 책임자와 함께 일한 적이 있다. 그는 공사와 관련된 거의 모든 사람에게 소리를 질러 위협하려 했다. 중요한 협상을 할 때에는 종종 호전적인 모습을 보이기도 했다. 그의 술책은 대부분의 하청업자들이나 다른 인부들에게 효력이 있었다.

어느 날 그는 나를 겨냥해서 장광설을 늘어놓기로 작정했다. 그는 마치 고무 젖꼭지를 잃어버린 아기를 나무라듯이 내게 소리를 질러 댔다.

나는 그의 호통소리가 잠잠해지기를 끈기 있게 기다렸다. 그러고 나서 조용히 말했다.

"당신이 아무리 고함을 질러도 아무 소용이 없다는 것을 아실 필요가 있겠네요. 나를 위협할 수 있는 사람은 아무도 없어요. 내가 두려워하는 분은 오직 하나님 한 분뿐이니까요."

그 공사 기간 동안 그는 줄곧 나의 인내를 시험하는 시험거리였지만, 얼마 지나지 않아 그는 자신의 위협 방식으로는 나를 주눅들게 하지 못한다는 사실을 알아차렸다. 더욱이 나는 그를 포함한 모든 직원의 임금을 조절하는 사람이었다.

난폭한 협박자들에게 맞서는 것은 두려운 일일 수도 있지만, 누군가가 담대히 그들에게 대항하면 종종 그들은 잽싸게 목소리를 낮추고 만다.

하나님은 그 누구도 다른 사람을 억압하거나 지배해서는 안 된다고 하셨다. 에덴 동산에서 하나님은 아담과 하와에게 물고기와 새와 온갖 짐승들을 다스리게 하셨지만 사람들끼리 그렇게 하도록 허락하지는 않으셨다.

"하나님이 그들에게 복을 주시며 그들에게 이르시되 생육하고 번성하여 땅에 충만하라 땅을 정복하라 바다의 고기와 공중의 새와 땅에 움직이는 모든 생물을 다스리라 하시니라" 창 1:28.

비록 물리적 폭력으로 이어지는 경우는 드물지만 언어적 협박은 물리적으로나 정서적으로 심각한 영향을 미칠 수 있다. 협박을 받은 사람들 중에는 두통, 염려, 신경과민, 불면증, 스트레스, 피곤, 낮은 자존감, 우울증으로 고통당하는 자들이 많다. 하나님은 당신의 자녀가 상대방의 삶에 이런 악영향을 미치는 것을 결코 원하지 않으신다.

협박자들은 자신의 위협하는 말이 단지 원한과 교묘한 반역만을 조장할 뿐임을 알 필요가 있다. 또 사람들은 어려운 처지에 놓인 자신을 후원해 준 이를 가까이하고 싶어한다는 사실을 협박자들은 알아야 한다.

부친의 사후에 텍사스 주 휴스턴에 위치한 레이크우드 교회의 목사 직분을 맡았던 조엘 오스틴은 교인들의 열렬한 후원을 받았다. 그는 그 교회의 미디어 부서에서만 일해 왔고, 설교를 해 본 적이 전혀 없었다. 전국적으로 주목받는 유명 교회를 이끄는 막중한 목회 사역

이 갑자기 그에게 맡겨진 것이다.

그는 새로 부임한 보안관처럼 나서지 않고 자신의 위치를 겸손히 받아들였으며, 교인들의 후원과 기도를 부탁했다. 현재 그 교회는 미국에서 훌륭한 방송 시설을 갖춘 가장 큰 교회들 중의 하나가 되었다. 나는 심지어 교회에 다니지 않는 사람들조차 그를 칭찬하며 후원하는 말을 하는 것을 들은 적이 있다.

당신이 협박자라면 왜 다른 사람들을 억누르며 통제하려 하는지를 분석해 볼 필요가 있다. 근본 원인을 파악하기 위해서는 전문 상담가의 도움이 필요할 수도 있다.

협박자들 중에는 혼란스럽거나 부정적 환경에서 성장한 이들이 많다. 그 속에서 그들은 상황을 변화시키지 못하는 자신의 무력감을 절감했다. 다시는 자신의 삶을 무기력하게 방치하지 않을 것이라고 맹세해서 통제를 시도하는 것이다.

그런가 하면 단순히 몹시 불안정한 사람들도 있다. 그들은 협박을 자신의 두려움을 가리기 위한 허울로 활용한다. 그 원인이 무엇이든 간에 협박자들은 복종을 강요받은 사람과 의미 있는 관계를 결코 맺을 수 없다.

오늘의 다짐 30 Days to Taming Your Tongue

하나님이 내 삶의 모든 면과 운명을 주관하시므로 나는 다른 사람들의 행동을 통제할 필요가 없다.

무례한 말, 대접하는 말

"거기 대로가 있어 그 길을 거룩한 길이라 일컫는 바 되리니 깨끗지 못한 자는 지나지 못하겠고 오직 구속함을 입은 자들을 위하여 있게 된 것이라" 사 35:8

마음씨 좋고 교양 있는 사람들만을 위한 특별 고속도로가 있다면 정말 근사하지 않겠는가? 도로에서는 매일같이 차량들로 혼잡한 가운데 갖가지 추한 일들이 벌어지고 있다. 버릇없는 운전자들이 다른 운전자들에게 나이가 많고 적음에 상관없이 욕지거리를 퍼부어 대곤 한다.

무엇이 우리를 이토록 무례하게 만들었을까? 과도한 스케줄, 더욱 길어진 통근 시간, 까다롭게 요구하는 상사, 버릇없는 자녀 혹은 일상의 스트레스 때문인가? 인내심 부족은 거의 모든 것을 즉석에서 얻게 만든 현대 문명의 이기에서 비롯되었을 수도 있다. 참으로 인내심을 찾아보기가 힘든 세상이다. 버릇없고 무례한 대화가 보편화되었고, 심지어 하나님의 자녀들마저 그렇다.

최근 나는 한 회의에 참석했는데 거기서 어떤 남자가 자신의 견해를 피력하고 있었다. 그는 평소처럼 차분하고 느릿한 어조로 말했다. 그의 말투에 짜증이 난 한 여성이 말이 채 끝나기도 전에 끼어 들었다. 그녀는 다음 모임에 늦을까 봐 조바심을 내고 있었다.

그녀는 그의 말을 중단시키고 주제를 딴 방향으로 바꿔 버렸다. 다른 사람들은 불편한 마음으로 두 사람을 번갈아 바라보았지만 그 상황에 대해 언급하는 사람은 아무도 없었다. 그 남자마저 입을 다물고 있었다. 덧붙여 말하자면, 이 사건은 한 기독교 단체의 간부 회의에서 있었던 일이다.

무례한 행동은 상대방에게 심한 모욕감을 주며 하루 종일 기분을 망치게 한다. "남에게 대접을 받고자 하는 대로 너희도 남을 대접하라"눅 6:31는 황금률은 도대체 어디로 밀쳐진 것일까? 남을 배려하라고 강조하신 이유가 무엇일까?

우리에게는 남에 관해 생각할 시간이 없다. 우리는 자신의 스케줄에만 몰두한다. 또한 주위에 아무도 없는 것처럼 공공장소에서 큰 소리로 통화하는 것은 다반사이다.

오늘 교회에서 매우 중요한 순간에 한 여성이 휴대폰으로 걸려 온 전화를 받았다. 휴대폰을 집어 들기 전에 여러 차례에 걸쳐 요란한 벨소리가 울렸다. 교회 안에서 휴대폰을 켜 두었을 뿐만 아니라 통화까지 하는 그녀의 태도를 보고 내 남편은 질겁했다.

휴대폰 사용자들은 자신의 사회적 위법 행위에 대해 무감각한 것처럼 보인다. 다른 사람들과 함께 식사하는 자리에서 오래도록 휴대폰 통화를 하는 사람들도 있다. 요즘 많은 인간관계가 너무나 얄팍하다는 것은 놀라운 사실이 아니다.

계산대에서 일하는 점원들이 자기들끼리의 대화에 열중한 나머지 고객에게 가벼운 인삿말도 건네지 않는 경우도 있다. 정말 무례하기 짝이 없다. 회의석상에서 휴대폰 통화를 하는 임원은 또 어떤가? 이것은 매우 무례하고 파괴적인 행동이다.

하나님을 향한 사랑과 이 땅에서 그분의 영광을 드러내려는 갈망은 자신의 일상적인 행동에 영향을 미쳐야 하지 않겠는가? "사랑은 오래 참고 사랑은 온유하며……무례히 행치 아니하며 자기의 유익을 구치 아니하며"고전 13:4-5.

누군가가 무례하게 대하면 어떻게 해야 할까? 묵묵히 참아야 할까? 항의하는 것이 성경적일까 아니면 이를 악물고 참아야 할까?

하나님은 무례한 행동을 순순히 용납하기만 하는 나약한 존재로 우리를 부르지는 않으셨지만, 우리는 직접적이되 공격적이지 않은 태도로 대응해야 한다. 상대방에게 "당신은 무례해요."라고 꼭 말할 필요는 없다. 하지만 당신이 무례함을 느꼈음을 상대방이 알게 할 필요는 있다.

당신이 정말 모욕을 당했다고 느낀다면 해결 능력을 지닌 누군가에게 그 일을 알릴 수도 있다. 어떤 사람들은 무례하게 굴어도 별 제재를 받지 않기 때문에 그런 행동을 계속한다. 그들의 행동을 변화시키려면 시직이 필요히다. 각별히 주의해야 할 사항은 무례함을 무례함으로 대항해서는 안 된다는 것이다.

한번은 통화하던 중에 다짜고짜 상대방이 전화를 끊어 버린 일이 있었다. 나는 곧바로 전화를 걸어 똑같이 해주고 싶었다. 그러나 '보복적인 말'에 관해 내가 쓰고 있었던 권면들을 성령님이 나에게 상기시키셨다. 무례함은 결코 정당화될 수 없는 것이다.

다른 사람들에게 무례하게 말하는 자신을 발견하게 되면 회개하고 황금률을 따르려고 노력하라. 무례함은 자신의 관심사를 위해서라면 다른 사람들을 깡그리 무시할 수 있는 이기적이고 불경건한 태도이다.

하나님의 백성은 참을성과 분별력이 있고 친절하다. 무례한 대응을 부추기는 사람을 만날 때에는 이 점을 기억하라.

오늘의 다짐 30 Days to Taming Your Tongue

나는 다른 사람들에게서 기대하는 대로 그들에게 할 수 있도록 시간을 갖고 차분히 생각할 것이다.

비판적인 말, 하나님의 기준에 준한 말

"비판을 받지 아니하려거든 비판하지 말라 너희의 비판하는
그 비판으로 너희가 비판을 받을 것이요 너희의 헤아리는 그 헤아림으로
너희가 헤아림을 받을 것이니라" 마 7:1-2

예수님은 비판적인 바리새인들을 용납하지 않으셨다.

그들은 파렴치한 무리였다. 이 유대인 종파는 모세 율법이나 사람이 만든 전통들을 범하는지를 살피며 사사건건 트집을 잡으려 했다. 제자들이 손을 씻지 않은 것부터 예수님이 안식일에 치유하신 일에 이르기까지 그들은 온갖 비판을 다 일삼았다.

예수님은 그들에게 다음과 같이 말씀하셨다.

"너희는 육체를 따라 판단하나 나는 아무도 판단치 아니하노라 만일 내가 판단하여도 내 판단이 참되니 이는 내가 혼자 있는 것이 아니요 나를 보내신 이가 나와 함께 계심이라" 요 8:15-16.

비판적인 사람은 다른 사람의 행동에서 흠을 찾아내는 데 몰두한다. 다른 사람들에 대해서는 '행동'으로 판단하면서 자신에 대해서는 내면의 '의도'로 판단한다. 물론 우리는 대체로 자신의 관점으로 남을 판단하는 경향이 있다.

어떤 사람의 행동이 우리 자신의 선택 기준에 어긋나면, 우리는 그것을 나쁘다고 판단한다.

종종 나는 걸음이 느린 사람을 가리켜 게으르다거나 우둔하다고 판단한다. 하지만 그들은 게으른 것이 아니라 걸음걸이 면에서 나와 다를 뿐이다.

별로 신빙성도 없는 소문에만 의존하여 다른 사람들을 판단하는 사람들도 있다.

미국 헌법 제정자들 중 한 명인 벤저민 프랭클린은 이렇게 말했다.

"나는 그 어떤 사람에 대해서도 나쁘게 말하지 않을 것이다. 어떤 사람의 잘못에 대해 내가 들은 내용이 사실일지라도 차라리 눈감아 줄 것이다. 그리고 기회가 닿으면 내가 아는 모든 사람의 좋은 점을 모조리 말할 것이다."

그의 철학은 다음과 같은 오래된 권면을 따른 것이다. "만일 당신이 좋은 말을 할 수 없다면 아무 말도 하지 말라."

다른 사람들에 관해 이야기할 때에는 주의해야 한다.

우리 부부는 제법 유명한 어느 교회에 다녔지만 하나님의 인도하심으로 그 교회를 떠나야만 했다.

거기서는 목사님에 관한 소문이 많이 나돌았다. 핵심 리더들에 속했던 우리 부부는 종종 교회의 내부적이고 은밀한 이야기를 듣곤 했다. 하지만 그런 문제를 다른 사람들에게 이야기해 본들 아무런 유익이 되지 못할 것이라고 판단했다.

여러 교인들이 우리와의 대화를 통해 목사님을 비난할 수 있는 힘담거리를 찾으려 했으나 아무런 정보를 얻지 못하자 그들의 얼굴에는 실망한 기색이 역력했다.

예수님은 비판적인 사람들에 대해 엄히 경고하셨다.

"어찌하여 형제의 눈 속에 있는 티는 보고 네 눈 속에 있는 들보는 깨닫지 못하느냐 보라 네 눈 속에 들보가 있는데 어찌하여 형제에게 말하기를 나로 네 눈 속에 있는 티를 빼게 하라 하겠느냐 외식하는 자여 먼저 네 눈 속에서 들보를 빼어라 그 후에야 밝히 보고 형제의 눈 속에서 티를 빼리라" 마 7:3-5.

예수님은 사람들의 행동을 판단할 때 오직 하나님의 기준에 근거하셨다.

이 기준은 올바른 판단을 위한 유일한 근거이기도 하다. 다른 사람들의 티를 찾으려 하기보다는 자신을 판단하는 쪽으로 초점을 맞추는 것이 더 나을 것이다.

하나님의 기준에 어긋난 방향으로 가고 있는 사람들을 보게 되거든 그를 위해 기도하고 판단을 피하라. 만일 당신이 누군가에게 진실한 관심을 갖고 있으며 또한 그의 행동을 지적할 권한을 지녔다면 사랑의 정신으로 그렇게 하라.

상대방을 지적하는 자는 그 사람에 대한 지속적 배려와 후원도 요구됨을 기억해야 한다.

오늘의 다짐 30 Days to Taming Your Tongue

나는 남을 판단하지 않을 것이다. 내가 남을 판단하게 되면 그와 똑같은 방식으로 나도 판단받게 될 것이다.

자아에 골똘한 말, 상대를 돌아보는 말

"각각 자기 일을 돌아볼 뿐더러 또한 각각 다른 사람들의 일을 돌아보아
나의 기쁨을 충만케 하라" 빌 2:4

페르시아 정부의 고위 관원으로 에스더서에 언급되는 하만은 자신의 이익에 골똘한 사람의 전형이었다.

"자기의 부성한 영광과 자녀가 많은 것과 왕이 자기를 들어 왕의 모든 방백이나 신복들보다 높인 것을 다 말하고"에 5:11. 그는 쉬지 않고 이 길로 전진했다. 그와 관련된 모든 기사에서 그가 다른 사람에게 관심을 기울였던 모습은 전혀 발견할 수 없다. 하만의 주변 사람들처럼 어떤 사람들은 그처럼 몰인정한 행태가 너무나 지겨움에도 불구하고 이를 악물고 참기만 한다.

당신의 대화 내용은 대부분 자신에게 초점을 맞춘 것인가? 자아에 골똘한 말은 다른 사람들로부터 멀어지게 할 것이다. 누구나 때로는 관심의 초점이 되고 싶어하기 때문이다.

나는 한 친지와 자주 만났던 적이 있다. 서로의 개인적 관심사를 나누고 싶은 마음에서였다. 하지만 얼마 지나지 않아 내 기대가 그릇되었음을 알아차렸다. 나의 개인적 관심사를 언급하려 하면 그녀는 곧바로 공감을 표하면서 대화의 초점을 자신에게 맞추었다.

이런 일이 거듭 반복되었다. 내 문제를 언급할 기회를 도무지 얻지 못하자 몹시 실망스러웠다. "지금은 당신이 내 말을 좀 들어줬으면 좋겠어요."라고 내가 몇 차례 부드럽게 말했다. 하지만 자아에 골똘한 사람과 친밀해지려는 것은 마치 호저_{바늘 털이 달린 아프리카산 짐승}를 끌어안으려는 것과 같다.

당신의 대화에서도 이 같은 결함이 나타나지는 않는지 유의하라. 진정으로 다른 사람들에게 관심을 기울이게 해 달라고 하나님께 간구하라.

자신의 삶을 하나님께 헌신하기 전, 모타운 레코드사를 위해 히트

앨범들을 많이 제작했던 내 친구 프랭크 윌슨이 바로 그런 사람이다. 그는 상대방에게 진심 어린 관심을 보이면서 오랜 시간 동안 함께 대화할 수 있다. 자신이 이룬 일들이 많음에도 불구하고 그는 대화 상대에게 그 일들을 굳이 알리려 하지 않는다.

나는 그가 경제계와 사교계의 여러 사람들과 자리를 함께하는 것을 본 적이 있다. 그는 더 중요한 인물을 찾기 위해 이리저리 둘러보지 않고 제일 가까이에 있는 사람에게 관심을 집중했다. 마치 "나는 당신의 이야기를 듣고 싶어요."라고 말하는 것 같았다. 사람들은 그와 함께 있는 것을 좋아했다.

자아에 골똘한 사람을 만났을 때 그 자신과 관련되지 않은 이야기를 해 달라고 부탁해 보라. 그래도 대화의 방향을 그 자신에게로 돌린다면, 재빨리 그의 관심사에 대해 인정한다는 태도를 표하면서 주제를 그와 관련되지 않은 것으로 바꾸라. 이를테면 "이 문제는 당신에게 정말 중요한 것 같습니다. 그런데 ……에 대해 들어 본 적 있나요?"라고 말할 수 있다.

그가 끝까지 주제를 바꾸지 않는다면 당신은 용기를 내어 이렇게 말하는 것이 좋을 것이다. "오늘 그 문제에 대해서는 정말 이야기하고 싶지 않습니다." 당신이 이 전략을 시도하는 중에 같은 말을 되풀이하게 될 수도 있다. 자아에 골똘하는 습관은 쉽게 사라지지 않기 때문이다.

만일 당신이 자아에 골똘해지려 하면 관심을 받으려는 욕구와 자아를 강화시키려는 마음, 다른 이기적 요구 사항들을 하늘에 계신 목자께 내려놓으라. 그분은 당신이 필요로 하는 모든 것을 채우시는 분이다.

'다른 사람들에게 골똘' 해지기 위해 의식적으로 노력하라. 온종일 혹은 그 이상의 시간 동안 당신의 문제를 대화의 초점으로 삼지 않고 지내 보라. 상대방에게 관심을 집중하라. 그럴 때 인간관계가 얼마나 돈독해지는지 보라.

오늘의 다짐 30 Days to Taming Your Tongue

나는 자신의 관심사는 물론이고 다른 사람들의 관심사에도 시선을 돌릴 것이다. 그리고 내 문제를 대화의 핵심 주제로 삼지 않을 것이다.

악을 악으로, 욕을 욕으로 갚지 말고 도리어 복을 빌라
이를 위하여 너희가 부르심을 입었으니
이는 복을 유업으로 받게 하려 하심이라 벧전 3:9

말|다|스|리|기 **넷째 주**

인생을 풍요롭게 하는
말하기

30 Days to Taming Your
Tongue

저주하는 말, 고상한 말

"한입으로 찬송과 저주가 나는도다
내 형제들아 이것이 마땅치 아니하니라" 약 3:10

에비는 그리스도인임을 자처하며 기도회에 착실하게 참석하고, 몸져 누운 환자들을 방문하고, 장기간에 걸쳐 금식하고, 그리스도인으로서의 갖가지 활동에 참여한다. 하지만 그녀는 대화 중에 걸핏하면 외설적인 표현을 사용한다.

그리스도인인 직장 동료 한 사람이 그녀의 경건하지 못한 표현을 지적하자 그녀는 "성경에 나오는 말이에요."라고 대답했다. 나는 사람들이 등 뒤에서 그녀의 위선을 비웃는 소리를 들었다.

에비가 아무렇지 않게 외설적인 말을 사용하는 이유는 무엇일까? 이는 그녀의 혀를 길들이시도록 성령님께 의지하지 않았기 때문이다. 예수님의 형제 야고보는 이렇게 설명했다.

"혀는 능히 길들일 사람이 없나니 쉬지 아니하는 악이요 죽이는 독이 가득한 것이라 이것으로 우리가 주 아버지를 찬송하고 또 이것으로 하나님의 형상대로 지음을 받은 사람을 저주하나니" 약 3:8-9.

상스럽거나 외설적인 또는 비속한 말을 사용하는 것은 하나님의 자녀에게 어울리지 않는다. 나는 사람들이 상스러운 말을 쓰는 데에는 여러 가지 이유들이 있다고 본다.

첫째, 종종 그들은 자신의 생각을 표현할 수 있는 적절한 어휘를 찾지 못해서 자기 의사를 강조하기 위해 욕설을 내뱉어야 한다고 생각한다. 이런 사람들은 솔직하고 분명하게 그리고 적개심을 버리고 대화하는 법을 익혀 나가야 한다. 그 과정에서 그들은 외설어가 필요 없다는 것을 알게 될 것이다.

둘째, 어떤 상황에 대한 극도의 낙담을 해소하기 위해 상스러운 말을 하는 사람들도 있다. 그들은 자신의 불쾌감을 추잡하게 표현하는 습관을 키웠으며, 따라서 재훈련을 필요로 한다. 그들은 심한 좌절감을 느낄 때 그것을 표현할 다른 건전한 말을 찾아볼 필요가 있다.

상스러운 말이 내 입에서 나와서는 안 된다고 굳게 믿고 있지만, 종종 나는 그런 말을 입으로 내뱉지는 않더라도 생각 속에 떠올리곤 한다. 발끝이 무엇에 걸리거나, 소중한 것을 깨트리거나, 쌓아 둔 서류를 넘어뜨리거나, 음료수를 엎지르거나, 매우 거북스러운 사람과 마주치거나, 어떤 실망스러운 상황에 직면할 때 마음속으로 상스러운 말을 하곤 한다.

그런 말이 마음속에 떠오른다는 사실에 특히 성경 교사로서 나는 영 기분이 좋지 않았다. 그리하여 그 문제를 놓고 주님께 이렇게 기도했다.

"주님, 누가복음 6:45을 통해 저는 '선한 사람은 마음의 쌓은 선에서 선을 내고 악한 자는 그 쌓은 악에서 악을 내나니 이는 마음의 가득한 것을 입으로 말함'을 배웠습니다. 제 마음속에서 외설적인 말을 제거하시고, 그것을 주님의 표현으로 바꿔 주세요. 저에게서 상스러운 모습이 사라지기를, 제 마음의 묵상이 주님께 열납되기를 원합니다."

우리 속에 상스러운 생각이 잠재해 있다고 하는 자각은 입에서 욕설을 제거하는 데 도움이 된다. 사실 그것은 마음에서 비롯된다. 사람의 마음을 정결하게 할 수 있는 분은 하나님뿐이시다. 만일 상스러워지려는 마음이 들면, 당신의 마음과 생각을 정결하게 해 달라고 하나님께 간구하라.

말이란 생각을 표현한 것임을 기억하라. 상스러운 생각을 버리고, 자신의 심령과 다른 사람들에게 생기를 전해 주는 말을 사용할 수 있도록 정신적 훈련을 해나가야 한다.

오늘의 다짐 30 Days to Taming Your Tongue

내 입에서 저주의 말이 나오지 않게 할 것이다. 오늘 내 혀를 온전히 하나님께 맡기겠다. 하나님의 은혜로 나는 그분의 이름을 높이는 말만 할 것이다.

불평하는 말, 감사하는 말

"내가 소리 내어 여호와께 부르짖으며 소리 내어 여호와께 간구하는도다
내가 내 원통함을 그 앞에 토하며 내 우환을 그 앞에 진술하는도다" 시 142:1-2

슬로브핫의 다섯 딸들에게 문제가 생겼다.

그들의 부친은 이스라엘이 가나안으로 진입하기 전에 광야에서 죽었다. 슬로브핫에게는 가나안 땅의 분깃을 물려받을 아들이 없었고, 율법에는 딸들에게 아들의 몫을 대신 주게 하는 규정이 없었다. 그래서 그의 딸들은 아버지도, 형제도, 남편도, 아들도 없었으므로 철저히 방치된 상태로 있었다.

그들은 다른 사람들에게 불평하는 대신 회중 앞에 고했으며민 27장,

그들 몫의 유업을 달라고 모세와 지도자들에게 호소했다. 모세가 그 문제를 하나님께 아뢰자 하나님은 그 여자들의 요청을 들어주셨다.

그들이 문제 처리 권한을 가진 사람들에게 그 문제를 가져가지 않고 주위 사람들에게 푸념을 늘어놓기만 했다면 결과가 어떻게 되었을까? 그랬다면 과연 그들이 유업을 얻었을지 의심스럽다.

합법적인 불평에 대해 해결책을 제시할 수 있는 사람은 상황을 변화시킬 수 있는 권한을 지닌 자뿐이다. 불만이나 낭패를 경험하는 사람들 중에 공적으로 문제를 제기하는 자들은 극소수에 불과하다. 대부분은 이 사람, 저 사람에게 불만을 토로하느라고 시간만 허비한다. 얼마나 무익한 행동인가!

적절한 권한을 가진 사람에게 호소하면 본인은 물론이고 다른 사람들의 상황도 개선된다.

이를테면, 나는 고객들이 계산대 앞에 길게 줄을 서 있는 광경을 종종 보게 된다. 그럴 때면 나는 고객들의 푸념에 장단을 맞추기보다는 가게 지배인을 불러서 계산대를 하나 더 설치해 달라고 요구한다. 대부분의 경우에 이 요구는 받아들여진다.

본장 서두에 소개된 시편 기자는 지겨워하거나 낙심하지 않았으며, 불평하느라고 다른 사람들의 시간을 빼앗지도 않았다. 그는 "내 원통함을 그 앞에 토한다."고 선언한다. 변화를 가져다 주실 수 있는 분께 아뢴 것이다.

그렇지만 하나님도 계속적인 불평은 지겨워하신다. 누군가가 이렇게 말했다. "맹세가 사악한 이유는 그것이 하나님의 이름을 망령되이 일컫는 행위이기 때문이다. 불평이 사악한 이유는 그것이 하나님의 약속을 헛되이 여기는 행동이기 때문이다."

비오는 날, 교통 혼잡, 지겨운 TV프로그램, 게으른 직장 동료 등과 같이 별로 중요하지도 않은 문제들로 인해 당신이 말 금식 기간 동안 불평하는 때가 얼마나 많은지를 자각하라.

불평은 전염되기 쉽기 때문에 치료하기 힘든 병폐이다.

과거에 나는 불평하는 부인들과 함께 어울리곤 했다. 그들의 불평이 내 남편과는 아무런 상관이 없었지만 나는 그들과 가까워지려는 마음에서 함께 어울렸다. 내가 남편을 가리켜 너무나 자상하고 멋진 남자라고 말하면 그들의 시샘을 불러일으킬 것이라는 사실을 잘 알고 있었다.

때로 나는 일부러 푸념거리를 찾으려고 애를 썼고, 그래서 남편이 하루에 여러 차례 식사한다는 등의 사소한 흠을 들추어내기도 했다. 하지만 남편은 적절한 체중을 유지하고 있고, 대부분 스스로 음식을 차려 먹는다. 그의 원활한 신진대사를 괘씸하게 여기는 것 외에 달리 불평거리가 있겠는가?

만일 당신이 불평을 자주 하는 사람이라면 "정말 지겨워."라는 표현을 자제하는 일부터 시작하라. 그러면 사람들이 당신과의 대화를 더 이상 두려워하지 않을 것이다.

물론 상대방의 동정이나 지혜로운 조언을 구해야 하는 경우도 있다. 그러나 당신이 상대방의 조언을 무시하고 말할 때마다 그 문제를 다시 언급한다면 주의해야 한다. 상대방이 당신을 지겨워할 것이기 때문이다.

불평하고 싶은 마음이 들 때마다 그것을 감사의 표현으로 또는 마음속에 고이 간직한 성경 구절로 대체하라.

오늘의 다짐 30 Days to Taming Your Tongue

하나님이 내 삶을 향하신 그분의 목적에 따라 모든 것을 합력하여 선을 이루시므로 나는 불평하지 않을 것이다.

보복적인 말, 축복하는 말

"악을 악으로 욕을 욕으로 갚지 말고 도리어 복을 빌라
이를 위하여 너희가 부르심을 입었으니
이는 복을 유업으로 받게 하려 하심이라" 벧전 3:9

말로 하는 보복만큼 쉬운 것도 없다. 물론 하나님을 사랑하는 사람들에게 그런 보복을 통한 즐거움은 잠깐 동안 지속될 뿐이다. 오히려 그런 죄에 빠진 데 대한 자책감이 오래 남는다.

보복은 나의 가장 큰 해결 과제들 중의 하나였다. 하나님이 기뻐하시는 뜻대로 하도록 나를 확신시키고 이끄시며, 내 속에서 역사하시는 성령님께 감사하는 것도 바로 그 때문이다.

최근 몇 개월 간 누군가가 어떤 식으로든 나를 비판하거나 험담하려 들 때마다 나는 대로를 걸으려고 무척이나 노력해 왔다. 이 싸움에서 내가 이기지 못한다면 본장을 쓸 수 없을 것임을 나는 알고 있었다.

사탄은 내가 바라는 대로 행동할 수 있는 기회를 많이 제공해 주었다. 나는 누군가에게 앙갚음하려고 부정적 반응을 직접 보이지는 않았지만, 대로를 걷지 않았다면 내뱉고 말았을 말들에 대해 남편이나 친구에게 이야기함으로써 즐거움을 느꼈다.

성령님은 내가 여전히 간접 보복을 통해 만족을 얻고 있음을 깨닫게 해주셨다. 내가 그런 문제를 누구와도 의논하지 않고 묵묵히 감당할 때 비로소 궁극적 승리를 얻을 것이다.

사탄은 나를 조롱했으며, 내가 겁쟁이라는 느낌을 갖게 하려 했다. 내가 그런 느낌을 얼마나 싫어했는지를 이해하려면, 당신은 구두 흙털개 취급을 당하는 사람을 내가 얼마나 혐오하는지 알아야 할 것이다.

나는 인생에서 중요한 사람들이 험한 말을 듣고도 묵묵히 참는 모습을 보면서 자랐다. 그래서 누구든지 나를 그런 식으로 대한다면 가만두지 않을 것이라고 다짐했었다. 하지만 다툼에 대해 언급하는 성경 말씀을 공부하면서 나는 '보복하다'는 말의 근원적인 뜻이 '징벌을 돌려주다'임을 알게 되었다. 성경은 보복을 피할 것을 명확히 당부한다.

> "아무에게도 악으로 악을 갚지 말고 모든 사람 앞에서 선한 일을 도모하라 할 수 있거든 너희로서는 모든 사람으로 더불어 평화하라 내 사랑하는 자들아 너희가 친히 원수를 갚지 말고 진노하심에 맡기라 기록되었으되 원수 갚는 것이 내게 있으니 내가 갚으리라고 주께서 말씀하시니라" 롬 12:17-19.

이 점과 관련하여 내가 모든 상황에서 늘 성공할 것이라고 단언할 수는 없다. 하지만 분명한 것은 내가 상대방에게 반격을 가한다면 그것은 성령님의 권유를 거부했기 때문이라는 것이다. 그리고 보복을 기함으로써 의식적으로 하나님의 일을 감히 대신하려 한 것이다.

내가 승리한 때를 돌이켜보면 겸손이, 다른 사람의 행동을 이해하려는 마음이, 하나님께 순종하고 그분께 영광 돌리려는 결심이 필요했음을 알 수 있다.

보복하지 않으려는 결심을 공고히 다지기 위해 가끔 나는 '예수님' 날을 선포한다. 그날에는 예수님이라면 어떻게 행하며 말씀하셨을지를 생각하고, 그대로 실행하기 위해 모든 노력을 다 기울인다. 이것은 내가 하나님의 자녀로서 언제나 명심해야 할 삶의 방식이라고 믿는다. 하지만 가끔씩 하루를 지정함으로써 특별한 효과를 얻을 수도 있다.

나는 독자들에게도 이 방법으로 영적 성장을 경험해 볼 것을 권하고 싶다. 자신에게 해를 가한 사람에게 복수하는 것이 당연하다고 생각할 때, 우리는 경계를 넘어 금지된 구역으로 들어서게 된다는 사실을 명심하자.

오늘의 다짐 30 Days to Taming Your Tongue

나는 악을 악으로 또는 모욕을 모욕으로 갚지 않고 도리어 축복할 것이다. 왜냐하면 내가 이렇게 함으로써 축복을 유업으로 받을 수 있도록 부르심을 받았기 때문이다.

참소하는 말, 진실을 구하는 말

"우리 형제들을 참소하던 자
곧 우리 하나님 앞에서 밤낮 참소하던 자가 쫓겨났고" 계 12:10

욥의 상황은 점점 나빠지고 있었다. 자녀와 건강과 재물을 잃었다. 설상가상으로, 걱정하는 마음으로 병문안을 왔던 친구들은 그를 가리켜 교만하고, 탐욕적이고, 성격적으로 여러 가지 결함을 가지고 있다고 비난했다욥 22장.

위로하러 왔음에도 불구하고 이 세 친구들은 욥의 재앙에 대한 책임이 욥 자신에게 있음을 설득시키느라고 대부분의 시간을 허비했다. 그런 비난은 이 결백한 희생자가 견딜 수 있는 범위를 넘어선 것이었다.

욥은 자신이 철저히 성실하고 올바른 사람이라고 믿었다. 육체적 고통에 시달렸던 그는 그릇된 비난마저 당해야 했다.

확실한 증거도 없는 상태에서 어떤 사람의 비행을 비난한 적이 있는가? 그런 적이 있다면 당신은 하나님의 자녀를 참소하는 사탄의 죄악에 동참한 셈이다. 정서적으로나 영적으로 성숙한 사람은 비난하기보다는 먼저 이해하려고 한다.

에덴 동산에서 아담과 하와가 타락했을 때 하나님은 어떻게 대응하셨는가? 그분은 "아담과 하와야, 너희는 배은망덕한 죄인들이다. 너희를 신뢰하지 말았어야 했다!"라고 쉽게 말씀하실 수도 있었을 것이다. 이러한 하나님의 대처 방식은 자초지종을 모두 살피기도 전에 비난부터 가하는 사람들에게 경종을 울린다.

"여호와 하나님이 아담을 부르시며 그에게 이르시되 네가 어디 있느냐 가로되 내가 동산에서 하나님의 소리를 듣고 내가 벗었으므로 두려워하여 숨었나이다 가라사대 누가 너의 벗었음을 네게 고하였느냐 내가 너더러 먹지 말라 명한 그 나무 실과를 네가 먹었느냐" 창 3:9-11.

하나님은 앞의 본문에 수록된 세 가지 질문들에 대한 답을 이미 알고 계셨다. 그럼에도 불구하고 자신의 행위를 설명할 기회를 아담에게 주셨다.

자초지종을 밝히려는 질문을 던지며 그 대답에 귀를 기울이는 것은 비난하려는 말을 극복하기 위한 핵심 단계이다. 질문하고 귀를 기울이라.

어떤 사람이 당신을 근거 없이 비난한 적이 있는가? 당신의 순수한 동기가 의혹을 받은 적이 있는가? 그처럼 부당한 상황에서 어떤 반응을 보여야 하는가?

첫 단계는 결백을 주장하고 나설지의 여부에 대해, 그렇게 하기 위한 최선의 방법에 대해 하나님의 인도하심을 간구하는 것이다. 만일 그 거짓말이 다른 사람에게 전달되었다면 그 비난이 거짓임을 설명할 수도 있다.

상대방이 당신의 말을 믿을지의 여부를 당신이 결정할 수는 없다. 더욱이 그 거짓말을 한 사람이 누군지 확실하지 않다면 굳이 그 출처를 찾으려고 에너지를 허비하지 말라. 모든 거짓말이 사탄에게서 나온다는 것을 명심하라.

어떤 비난에 대해 반박할 기회가 주어진다면 나는 반박할 것이다. 그럴 기회가 주어지지 않는다면 나는 단지 진실을 밝혀 달라고 하나님께 간구할 것이다. 가치 있는 일에 써야 할 에너지를 바람에 흩어진 깃털을 줍는 데 할애할 여유가 없다. 하나님은 나의 옹호자이시다. 그리고 공의를 드러내는 일에는 나보다 하나님이 훨씬 더 능하시다.

오늘의 다짐 30 Days to Taming Your Tongue

하나님의 도우심으로 오늘 나는 지혜에 귀를 기울이며 깨달음에 주목할 것이다. 소리 높여 통찰력과 깨달음을 달라고 간구할 것이다. 그리고 잃어버린 돈이나 감추인 보화를 찾듯이 그것을 찾을 것이다.

낙담시키는 말, 격려하는 말

"그들이 의지 없을 때에 내가 함소하여 동정하면
그들이 나의 얼굴 빛을 무색하게 아니하였었느니라" 욥 29:24

당신은 누군가에게 반대 의사를 표함으로써 그의 희망이나 확신이나 열정을 꺾었던 적이 있는가? 누군가의 낙담시키는 말로 소중한 기회를 잃어버리는 사람들이 너무나 많다.

성적이 그다지 좋지 못하거나 다른 결함을 가진 학생들의 꿈을 교사들이 망가뜨리는 경우가 많다. 가족이나 사회의 조롱 때문에 발명가 지망자들이 자신의 혁신적인 아이디어를 중도에서 포기하기도 했다.

내가 보기에 다른 사람들을 그런 식으로 단념시키는 자들은 의도적으로 그들을 낙담시키려 했다기보다는 "우리 가운데서 역사하시는 능력대로 우리의 온갖 구하는 것이나 생각하는 것에 더 넘치도록 능히 하실"엡 3:20 하나님의 능력에 대한 믿음이 없어서 그렇게 말한 것이다.

낙담시키는 행위의 파괴력은 엄청나다. 이스라엘이 약속의 땅을 목전에 두고 정탐꾼들을 파견했던 상황을 생각해 보라. 모세는 여호수아와 갈렙과 다른 열 명을 젖과 꿀이 흐르는 땅인 가나안으로 보내어 40일 동안 정탐하게 했다. 거기서 그들은 모든 것이 너무나 풍성함을 보았다. 포도 한 송이 달린 가지를 두 사람이 메어야 할 정도로 과일의 크기도 엄청났다. 또한 그들은 거인들도 보았다.

그들이 돌아와서 모세와 온 회중에게 보고했을 때 여호수아와 갈렙은 그 땅을 정복하러 나아가자고 용기를 북돋우었다. 하지만 다른 열 명은 반대 견해를 피력했다.

"그와 함께 올라갔던 사람들은 가로되 우리는 능히 올라가서 그 백성을 치지 못하리라 그들은 우리보다 강하니라 하고 이스라엘 자손 앞에서 그 탐지한 땅을 악평하여 가로되 우리가 두루 다니며 탐지한 땅은 그 거민을 삼키는 땅이요 거기서 본 모든 백성은 신장이 장대한 자들이며 거기서 또 네피림 후손 아낙 자손 대장부들을 보았나니 우리는 스스로 보기에도 메뚜기 같으니 그들의 보기에도 그와 같았을 것이니라" 민 13:31-33.

그들을 위해 하나님이 하신 모든 이적을 목격했음에도 불구하고 이스라엘 백성은 낙담시키는 소문을 믿었다. 그들은 애굽으로 돌아가고 싶어했고, 심지어 낙관론을 폈던 여호수아와 갈렙을 돌로 치려고까지 했다. 그들의 불신에 대한 하나님의 징벌은 신속하고도 엄했다.

"모세의 보냄을 받고 땅을 탐지하고 돌아와서 그 땅을 악평하여 온 회중으로 모세를 원망케 한 사람 곧 그 땅에 대하여 악평한 자들은 여호와 앞에서 재앙으로 죽었고 그 땅을 탐지하러 갔던 사람들 중에 오직 눈의 아들 여호수아와 여분네의 아들 갈렙은 생존하니라" 민 14:36-38.

하나님은 낙심하게 한 자들을 죽이셨을 뿐만 아니라, 온 백성을 돌이켜 40일간 광야에서 방황하게 하셨다. 또한 하나님은 갈렙과 여호수아를 제외한 이스라엘 백성 중에 당시 20세 이상인 자들 모두를 약속의 땅에 들어가지 못하게 하셨다. 열 명의 낙심하게 하는 말로 수많은 사람이 유업을 잃고 말았다. 그 열 사람이 격려의 말을 했더라면 얼마나 좋았을까!

당신은 어떠한가? 부정적 상황에 처한 사람들을 볼 때 당신은 그들이 성공할 가능성이 없다고 보는가? 어떤 사람이 자신의 꿈과 계획을 이야기할 때 당신은 낙심시키는 말을 하지 않고 그의 말에 귀 기울일 수 있는가?

이는 아무짝에도 쓸모없을 것 같은 아이디어에 대해서도 침묵해야 한다거나, 실패 가능성을 경고하는 객관적 조언마저 삼가야 한다는 뜻은 아니다. 하지만 "그건 불가능해!"라고 단언하기보다는 지혜롭게 의문을 표하는 것이 훨씬 더 효과적일 수 있다.

이를테면, 젊은 사업가에게 "저런, 그 제품에 대해 관심을 가질 사람들이 별로 없을 거라고 생각해요."라고 말하기보다는 "그 제품의 시장성에 대해서는 어떤 결론을 내렸나요?" 하고 물어보는 것이 더 좋을 것이다.

비록 당신이 상대방의 꿈에 대해 잘 이해할 수 없다고 하더라도, 적어도 그를 향하신 하나님의 온전하신 뜻이 이루어질 것이라는 믿음을 보이라. 한때 헨리 포드가 이르기를 "다른 사람을 격려할 수 있는 능력은 인생의 가장 큰 자산들 중의 하나이다."라고 했다.

지난 세월 동안 당신을 격려했던 사람들의 말이 당신에게 얼마나 긍정적 영향을 미쳤는지를 생각해 보라. 부정적 성향으로 오염된 이 세상에서 누구나 가끔 격려를 필요로 한다. 당신의 관심 범위 안에 있는 사람들에게 늘 인정과 지원, 영감을 제공하는 말을 하도록 의식적으로 노력하라.

혹시 낙담시키는 자와 마주치면 그로 인해 탈선하지 않도록 주의하라. 불가능한 것을 가능하게 하시는 하나님께 눈이 고정되어 있음을 그에게 알려 주라. 꿈을 함께 나눌 사람들을 신중하게 택하라. 그들에게 창의력과 믿음이 없거나 심지어 시기심이 가득하다면 그들은 당신의 계획을 훼방할 수도 있다.

오늘의 다짐 30 Days to Taming Your Tongue

공연한 근심은 상대방을 억누른다. 하지만 격려하는 말은 그의 기운을 북돋울 것이다.

제27일

의심하는 말, 믿음으로 하는 말

"내가 진실로 너희에게 이르노니 누구든지 이 산더러 들리어 바다에 던지우라 하며 그 말하는 것이 이룰 줄 믿고 마음에 의심치 아니하면 그대로 되리라" 막 11:23

나는 아랫배가 뒤틀리는 것을 억제하려고 애썼다. 테러리스트들이 미국을 공격했던 2001년 9월 11일 이후로 내가 처음 비행기를 타는 순간이었다. 주위에 앉은 승객들에게 나의 두려움을 내색하지 않으려고 노력했다.

비행기가 활주로를 달릴 때, 나는 시편 91편의 여러 구절들을 소리 내어 암송하기 시작했다.

"내가 여호와를 가리켜 말하기를 저는 나의 피난처요 나의 요새요 나의 의뢰하는 하나님이라 하리니……너는 밤에 놀램과 낮에 흐르는 살과……두려워 아니하리로다……천인이 네 곁에서 만인이 네 우편에서 엎드러지나 이 재앙이 네게 가까이 못하리로다……저가 너를 위하여 그 사자들을 명하사 네 모든 길에 너를 지키게 하심이라" 시 91:2, 5-7, 11.

탑승일 오래전부터 나는 비행기 타는 것을 두려워하지 않는다고 나 자신과 모든 이들에게 공언했었다. 이제 드디어 비행기가 움직이기 시작했다. 늘 그랬듯이 시편 91편의 약속들이 나를 붙들어 주었다.

여러 해에 걸쳐 두려운 상황에 직면하면 이 구절들을 의지하곤 했다. 이 구절들을 암송하는 가운데 불안한 마음이 가라앉기 시작했다. 편안한 마음으로 하나님께 맡기기로 결심했다.

비행기 날개들의 끝부분을 붙들고 있는 천사들이 내 마음의 눈에 보였다. 특히 비행기가 난기류로 흔들릴 때에는 이 생각이 큰 도움을 주었다. 그럴 때마다 나는 "하나님의 천사들이 이 비행기를 안전하게 지키고 있다."라고 선언함으로 의심을 물리쳤고, 마침내 승리했다. 결국 나는 아무런 사고 없이 목적지에 도착했다.

의심하는 혀를 길들이기를 원한다면 하나님의 약속들에 친숙해져야 한다. 믿지 못하는 마음에서 의심의 말들이 나온다. 물론 하나님의 약속들을 아는 것만으로는 충분하지 않다. 그것들을 선언하는 일에도 익숙해져야 한다. 믿음은 들음에서 비롯된다롬 10:17.

자신의 불신을 선언하면 할수록 그것은 더 견고해진다. 반면에 긍정적 결과에 대한 확신을 단언할수록 믿음은 더 강해진다. 우리는 자주 듣는 것을 믿는 경향이 있으므로 무엇을 들을지에 대해 주의해야 한다. 여러 가지 결과나 목표들에 대해 부정적 입장을 보이는 사람들과의 교류를 제한하거나 단절해야 할 수도 있다.

종종 의심의 말들은 자신감에 따라 행동하는 성향에서 기인한다. 자신감은 우리 자신의 기술과 능력을 의존해야 한다고 말하는 세상이 부추기는 개념이다. 이는 솔로몬 왕의 경고에 정면으로 위배된다. "자기의 마음을 믿는 자는 미련한 자요 지혜롭게 행하는 자는 구원을 얻을 자니라"잠 28:26.

우리는 어떤 도전에 직면하여 그것을 극복할 수 있는 자신의 역량을 평가할 때, 대부분의 경우에는 부족함을 느끼며 의심에 사로잡힌다. 자신의 의심을 입으로 선언함으로 그것을 공고하게 만들지 않도록 주의해야 한다.

만일 불신이 생겨나면 당신의 관심 분야와 관련된 성경 구절들을 찾아보라. 그 내용을 적어서 자주 묵상하며 암송하라.

나는 당면 문제와 관련된 성경 구절을 골라서 5×7짜리 사진틀에 알맞은 크기로 만들어 자른다. 그것을 사진틀에 넣어 내 마음속에 확고히 새겨질 때까지 책상 위에 둔다. 의심이 일어날 때 선택한 하나님의 말씀으로 그것을 타파한다.

이것은 간단하게 들리지만 쉬운 일이 아니다. 어떤 의심은 좀처럼 사라지지 않는다. 승리를 위해서는 인내해야 한다.

당신을 의심스러운 말투로 이야기하게 만드는 것은 무엇인가? 출세에 대한 두려움인가? 자신에게 맞지 않다고 느껴지는 과제에 대한 두려움인가? 혹은 몹시 까다로운 사람과 우호 관계를 맺어야 하는데 대한 거부감인가? 어쩌면 당신은 직접 만질 수 있는 것만을 믿으려 하는 의심 많은 도마와 같은 모습일지도 모른다요 20:25.

하나님의 자녀는 하나님을 믿는 믿음으로 살아야 한다. 우리가 보고 느낄 수 있는 '감각 영역' 속에 국한되어서는 안 된다. 의심이 우리의 운명을 망칠 수도 있다.

하나님을 떠나서는 아무것도 할 수 없는 현실을 직시할 때 우리의 태도와 대화가 바뀔 것이다. 오늘 회의적인 마음을 버리고, 의심을 의심하며, 최선의 결과를 믿으라!

오늘의 다짐 30 Days to Taming Your Tongue

믿음이 있다면 모든 것은 가능하다. 따라서 내가 의심하는 것들에 대해 이야기하기보다는 나의 믿음을 선언할 것이다.

수다스러운 말, 자제력 있는 말

"말이 많으면 허물을 면키 어려우나
그 입술을 제어하는 자는 지혜가 있느니라" 잠 10:19

쉴 새 없이 말하는 사람과 이야기해 본 적이 있는가?

그녀는 한 주제로부터 다른 주제로 바꿔 가며 계속 말한다. 이를 가리켜 '수다증'이라고 부르는 것이 좋을 것 같다. 대개 이런 증상이 여자들에게만 있는 것으로 여겨지지만 남자들도 수다쟁이가 될 수 있다.

나 역시 조용한 사람이 아님을 시인한다. 사실 남편은 내가 중지 신호를 받지 않으면 이야기를 멈출 기미를 보이지 않는다고 말한다. 하지만 나는 다른 사람들의 말을 듣는 것도 매우 좋아한다. 수줍기로 소문난 사람들도 나에게는 자유롭게 말한다.

끊임없이 말하는 사람을 볼 때 종종 나는 그 사람이 외롭거나, 다른 사람들에게 말할 기회가 거의 없었거나, 단지 자신의 목소리를 아주 좋아한다고 생각한다. 그 동기가 어떠하든 지나치게 말이 많으면 하나님께 영광을 돌리지 못할 가능성이 다분해진다.

누군가는 이르기를, 어떤 대화라도 10분 이상 지속되면 대개 그릇된 길로 빠져든다고 했다. 사도 바울은 데살로니가인들에게 "종용하여……힘쓰라"살전 4:11고 권면했다. '힘쓰다'는 열정적인 노력을 시사하는 말이다. 이 뿌리 깊은 습관을 극복하는 것은 가벼운 일이 결코 아니다.

미네소타 주 로체스터의 조 R. 브라운 박사는 어떤 환자의 병력을 알아내려고 시도했던 이야기를 들려주었다.

의사가 환자에게 질문할 때마다 그 환자의 아내가 대답했다고 한다. 결국 브라운 박사는 그녀에게 밖에서 기다릴 것을 요구했는데, 그녀가 나간 뒤에 그 환자가 말을 못한다는 것을 알게 되었다. 그녀를 다시 부른 브라운 박사는 남편이 실어증에 걸린 사실을 몰랐던 것을 사과했다. 그녀는 경악하고 말았다. 그녀도 그 사실을 몰랐기 때문이다 P. L. Tan, *Encyclopedia of 7700 Illustrations*(Grand, TX: Bible Communications, 1979, 1996).

만일 대화 중인 당신에게서 수다증 징후가 보이면 재빨리 다음 방법들을 시도해 보라.

말을 멈추고 '네' 또는 '아니요'의 단순한 대답이 아니라, 보다 자유로운 대답을 유도할 수 있는 질문을 상대방에게 던져 보라. 이를테면 "존, ……에 대해 당신은 어떻게 생각해요?"

가치 있는 대화를 나누라. 나의 멘토인 주아니타 스미스는 "나는 말이 많은 편이지만 하나님에 관해 이야기하기를 좋아해요."라고 말하곤 했다.

당신이 들은 흥미로운 뉴스나 하나님의 영감으로 깨닫게 된 성경 말씀을 함께 나누라.

예를 들면, 나는 부정적 대화에 빠져들기보다는 나의 '말 금식'에 관해, 성경 연구를 하는 중에 하나님으로부터 받은 진리에 관해 이 사람 저 사람에게 이야기한다. 그들은 큰 관심을 가지고 경청하며 유익하다고 느낀다.

오늘의 다짐 30 Days to Taming Your Tongue

말이 많아질 때 죄가 고개를 드는 반면에, 혀를 제어할 때 나는 지혜로운 사람으로 간주된다.

경솔한 말, 신중한 말

"근신이 너를 지키며 명철이 너를 보호하며" 잠 2:11

온 땅을 뒤덮었던 대홍수가 지나간 후에 노아는 포도원을 일구었다. 어느 날 그는 포도주를 너무 많이 마셨다. 그의 아들 함이 술에 취한 채 장막 안에 벌거벗고 누워 있는 아버지를 발견했다. 성경은 "함이 그 아비의 하체를 보고 밖으로 나가서 두 형제에게" 창 9:22 고했다고 전한다.

함의 형제들은 좀더 신중하게 처신했다. 아버지의 추한 모습을 보지 않으려고 뒷걸음쳐 들어가서 옷으로 덮었다. 분별력 있는 그 행동은 성숙함을 나타내는 표시였다. 분별력 있는 사람은 말과 행동에서 신중함과 지혜로운 자제력을 보이며, 늘 긍정적 결실을 거둔다.

경솔함은 값비싼 대가를 지불하게 만든다. 논의를 금해야 할 주제들이 있다. 당신의 봉급이나 보너스에 대해서는 언급하지 않는 것이 현명할 것이다. 다른 회사 사람과는 특히 그렇다. 또한 당신의 성생활 역시 논의 금지 사항에 속한다.

함의 경솔함은 비싼 대가를 지불하게 했다. 정신을 차린 노아는 자신의 수치스러운 상황에 대한 함의 처신을 매우 괘씸하게 여겼다. 노아는 함을 저주하여 그 후손을 노예가 되게 했다.

당신은 어떤 리더나 중요한 위치에 있는 사람의 결함을 발견하고 누군가에게 말할 수밖에 없었던 적이 있는가? 하나님이 당신을 신뢰하셔서 누군가의 죄나 벌거벗은 모습을 보게 하셨을 경우 당신은 그것을 '보고' '말하는' 것이 아니라, 신중한 태도로 그 수치를 덮어 줘야 한다고 생각한 적이 있는가?

교회에서 자라면서 나는 많은 리더들의 수치스러운 모습을 보아 왔다. 종종 하나님은 나에게 '은폐하는' 일이 아니라, '감싸는' 일을 맡겼음을 상기시키셨다. 그래서 리더는 매우 불편한 위치일 수 있다.

하나님은 상대방의 허물을 지적하도록 하실 수도 있다. 나단 선지자에게 그렇게 하셨다. 다윗이 밧세바와 간음하고 그것을 은폐하기 위해 그녀의 남편을 죽였던 죄악을 나단은 지적했다삼하 12장.

하나님이 무엇을 지시하시든 그분의 방식대로 하라. 모든 것을 항상 공개적으로 밝혀야 하는 것은 아니다. 그리스도의 몸에 심각한 타격을 줄 수 있기 때문이다. 밧세바와 관련된 다윗의 죄는 공공연한 추문으로 돌지 않았다. 하지만 다윗은 가정사나 다른 일들을 통해 호된 징벌을 당했다. 지도자에 대한 징벌은 하나님이 하시는 일이다.

주의하라! 당신이 중요한 위치에 있다면, 당신에게는 리더의 불경건한 행위를 처리할 책임이 맡겨져 있다. 사랑과 동정심을 가지고 지적하라. 완벽한 사람은 없다. 그 점을 기억하라. 하나님이 언젠가 어떤 사람에게 당신의 수치스러운 모습을 보여 주실 수도 있다. 그 상황이 지혜롭게 처리되기를 기도하라. 사려 분별이라는 씨앗을 지금 심으라.

오늘의 다짐 30 Days to Taming Your Tongue

나의 신중함이 나를 지키며, 이해심이 나를 이끌 것이다.

침묵하는 말, 소통하는 말

"천하에 범사가 기한이 있고 모든 목적이 이룰 때가 있나니
……잠잠할 때가 있고 말할 때가 있으며" 전 3:1, 7

심하게 다투어 서로 말을 하지 않고 지냈던 한 부부에 관한 이야기가 있다. 어느 날 밤에 남편이 아내에게 부탁할 일이 생겼다. 내일 새벽에 기차를 타기 위해 아내에게 깨워 달라는 부탁이었다. 먼저 침묵을 깸으로써 자존심을 구기고 싶지 않았던 그는 새벽 5시에 깨워 달라는 내용의 메모를 그녀에게 남기고 잠자리에 들었다.

다음날 아침에 눈을 뜬 그는 두 시간이나 늦게 일어난 것을 알았다. 결국 비행기를 놓치고 말았다. 아내에게 따지려고 화난 표정으로 침대에서 벌떡 일어났을 때 침대용 스탠드 위에 놓인 쪽지 하나가 눈에 띄었다. "5시예요. 일어나요!"라고 적혀 있었다.

모든 침묵이 금인 것은 아니다. 앞 장들에서 나는 부정적 혀 사용을 자제하라고 권했다.

지금쯤 당신은 다루기 힘든 자그마한 그 신체 부위를 길들이기 위해서는 남은 생애 동안 좀처럼 말하기 힘들 것이라는 결론에 도달했을 수도 있다. 침묵 서원이 유일한 희망이라고 결론 지었다면 본서의 나머지 내용을 계속 읽으라.

효과적인 관계 유지를 위해서는 말이 필수적이다. 어렸을 적에 당신은 부모나 교사들을 통해 "침묵은 금이다."라는 격언을 귀에 못이 박히도록 많이 들었을 수도 있다. 하지만 그것은 원래 격언의 절반에 해당하는 내용이다.

선체 내용은 "웅변은 은이고 침묵은 금이다."이다. 입을 굳게 다무는 것이 큰 미덕인 반면에, 인간관계에 효과적인 의사 소통이 필요한 것은 우리 몸에 산소가 필요한 것과 같다.

"웅변은 은"이라는 말은 말하는 것이 중요한 가치를 지님을 시사한다. 한때 은은 오늘날의 화폐처럼 주요 교환 매체였고, 그것은 가치 교류를 위해 사용되었다. 우리가 하는 말은 가치 있는 정보 교환이어야 한다.

본서의 앞 장들에서는 아무런 가치도 없는 부정적 의사 소통 유형들에 초점을 맞추었다. 이제는 침묵이 무가치한 경우들을 살펴보도록 하자.

어떤 상황에 대한 자신의 분노나 불쾌감을 나타내는 소극적이며 보복적 수단으로 사용된 침묵은 금이 아니다. 사실 그런 침묵은 자신에게 해를 가하는 자들을 대면하여 지적하라는 주님의 지시를 거역하는 것이다.

"네 형제가 죄를 범하거든 가서 너와 그 사람과만 상대하여 권고하라 만일 들으면 네가 네 형제를 얻은 것이요" 마 18:15.

예수님은 어떤 잘못이나 범죄를 주도적으로 해결할 것을 명하신다. '범죄'를 뜻하는 영어 단어인 'trespass'는 불법적으로 경계를 넘어가는 것을 의미한다.

해를 입었다고 느낄 때 우리는 가해자 앞에서 그 문제를 거론하기보다는 뿌루퉁하게 토라지는 경우가 많다. 특히 여성들이 침묵하기 쉽다.

대부분의 여성들은 "당신의 행동 때문에 내가 해를 입었어요. 그런 행동을 다시는 하지 마세요."라고 직접 말하는 것이 여성스럽지 못하다고 생각한다. 이것은 사회화 과정에 따른 결과이다. 불행하게도 이처럼 의사 소통이 결여됨으로 많은 가해자들이 자신의 행동이 상대방에게 부정적 영향을 끼쳤는지조차 모른다. 그래서 그들은 잘못을 계속 반복한다.

근거 없는 비난이나 악소문에 시달리는 사람을 옹호하지 않을 때의 침묵은 금이 아니다. 소외나 거부를 당할지도 모른다는 두려움에 부당한 중상 모략과 인격 모독을 간과할 수는 없다.

최근에 나는 몇몇 친지들 앞에서 나를 비난했었다는 사람을 옹호한 적이 있다. 그녀에게 앙갚음할 수 있는 기회였지만, 나는 그녀에 대한 소문이 잘못된 것임을 알고 있었다. 그래서 주저하지 않고 그녀에게 그 소문에 대해 직접 이야기해 주었고, 나는 하나님이 미소를 지으시는 것을 느꼈다.

침묵이 우리를 태만하게 하고 그로 인해 바람직하지 못한 결과로 이어진다면, 그 침묵은 금이 아니다. 결국 침묵은 동의를 나타내는 것일 수 있다. 미국의 공립학교들에서 기도가 배제된 것은 대부분의 사람들이 저항하지 않고 침묵했기 때문이다.

민수기에서 모세는 침묵이 사실상 동의의 표현임을 거듭 알려 준다. 그는 서원한 독신 여성들에 대한 지침을 제시했다.

"또 여자가 만일 어려서 그 아비 집에 있을 때에 여호와께 서원한 일이나 스스로 제어하려 한 일이 있다 하자 그 아비가 그의 서원이나 그 마음을 제어하려는 서약을 듣고도 그에게 아무 말이 없으면 그 모든 서원을 행할 것이요 그 마음을 제어하려는 서약을 지킬 것이니라 그러나 그 아비가 그것을 듣는 날에 허락지 아니하면 그 서원과 마음을 제어하려던 서약이 이루지 못할 것이니 그 아비가 허락지 아니하였은 즉 여호와께서 사하시리라" 민 30:3-5.

계속해서 그는 같은 규정이 결혼한 여성에게도 적용됨을 가르친다 민 30:10-15. 남편이 적절한 시점에 항의하지 않으면 그녀의 서원이 효력을 발휘한다는 것이다. 남편의 침묵은 아내의 행위에 대한 동의를 나타냈다.

"침묵이라는 벌레가 벽에 구멍을 낸다."는 일본 속담이 있다. 말해야 할 때 침묵을 지키는 것은 인간관계에 구멍을 내는 행위이다.

오늘의 다짐 30 Days to Taming Your Tongue

나는 말해야 하는 상황에서 침묵하지 않을 것이다.

에 | 필 | 로 | 그

말을 다스리는 지혜

 이제 당신은 본서를 다 읽었다. 아마 그렇게 하는 데 30일이 꼬박 걸리지는 않았을 것이다.

 읽는 것은 첫 단계일 뿐이다. 이제 당신의 혀에 도전이 가해지는 구체적인 상황으로 향할 준비를 갖추었다.

 '거짓된 말' 문제에 여러 날이나 여러 주를 할애해야 하고, '저주하는 말' 문제로 나아갈 시간이 없을 수도 있다. 30일간 이어서 진행하기보다는 매주 하루를 정해서 말 금식을 실행할 수도 있다. 어떤 전략을 택하든, 불경건한 말 사용을 경고하는 성경 말씀을 묵상하는 가운데 당신은 하나님의 은혜와 구원을 필요로 하는 영역에 대해 매우 민감해질 것이다.

진전 과정을 평가하기 위해 부록 1에 수록된 언어 평가 점검표를 매일 점검하라. 이 점검표는 앞에서 논의했던 30가지 부정적 혀 사용 사례들을 요약한 것이다.

모든 질문에 대해 '아니요'라고 답할 수 있을 때, 당신은 아무도 길들이지 못하는 그 작은 신체 부위를 성령님이 다스려 주셨음을 확신해도 좋을 것이다. 이제 당신의 혀를 부정적 용도로부터 돌이켜 생명의 샘으로 활용할 준비를 갖추었다.

부정적인 것을 피하려 하기보다는 긍정적 행동에 초점을 맞추는 것이 더 효과적이기 때문에, 부록 2는 하나님께 영광 돌리고 인간관계를 개선시켜 줄 대안적 언어 사용법을 제시한다. 이제 당신은 다른 사람들을 세우고, 지식과 지혜를 나누고, 권면하고, 믿음을 고무시키고, 사랑으로 지적하고, 상대방에게 생명을 제공하는 일에 자유로이 몰두할 수 있을 것이다.

건전한 언어 사용을 강화하고, 보다 긍정적으로 선언할 힘을 얻기 위해 부록 3혀를 지켜 주는 성경 말씀에 수록된 성경 구절들을 정기적으로 묵상하라. 발췌된 구절들이 당신의 속사람을 지키며, 대화를 혁신시킬 것이다. 당신의 입술의 모든 말이 주께 열납될 것임을 계속 선포하라. 그리고 당신의 말이 곧 당신의 실체임을 명심하라.

매일의 언어 평가 점검표
긍정적인 언어 사용법
혀를 지켜 주는 성경 말씀

말 | 다 | 스 | 리 | 기 | 30 | 일

부록

30 Days to Taming Your
Tongue

부록 1   30 Days to Taming Your Tongue

매일의 언어 평가 점검표

혀 길들이기의 진전 과정을 평가하기 위해 하루를 마감할 시점에 다음 질문들을 스스로에게 던져 보라. '네'라는 대답이 몇 번이나 나오는지 기록해 두라.

- 어떤 형태로든 거짓말을 했는가?
- 누군가에게 아첨했는가?
- 내 이득이나 유익을 위해 누군가를 교묘하게 조종했는가?
- 너무 성급하게 말했는가?
- 내 말이 분열을 야기시켰는가?

- 논쟁적이거나 따지기를 좋아했는가?
- 자랑하거나 거만하게 말했는가?
- 스스로를 혹평했는가?
- 누군가를 중상했는가?
- 남의 뒷담화를 했는가?
- 다른 사람의 일에 참견했는가?
- 누군가의 신뢰를 저버렸는가?
- 누군가를 흠잡았는가?
- 냉소적이거나 경멸적이거나 빈정댔는가?
- 모든 것을 다 아는 것처럼 말했는가?
- 과격한 말이나 욕설을 내뱉었는가?

- 빈틈없이 또는 수완 있게 말하지 못했는가?
- 말로 위협하려 했는가?
- 잔인했는가?
- 비판적이었는가?
- 대화 중에 자아에 골똘했는가?
- 불경스러운 말을 사용했는가?
- 불평했는가?
- 보복적인 말을 했는가?
- 누군가를 참소했는가?
- 누군가를 낙담시켰는가?
- 의심과 불신을 드러냈는가?
- 말을 너무 많이 했는가?

- 경솔하게 말했는가?
- 대화해야 할 때 침묵했는가?

위의 질문들에 모두 '아니요'라고 답했다면 기뻐하되 안심하지는 말라. 영적 진전의 다음 단계를 보여 달라고 성령님께 조용히 간구하라. 그리고, 당신이 완전에 도달하는 것은 천국에서만 가능한 일임을 명심하라.

부록 2 30 Days to Taming Your Tongue

긍정적인 언어 사용법

한편으로는 부정적인 말을 금하면서, 다른 한편으로는 말을 긍정적으로 할 수 있는 여러 가지 방법들에 유의하라. 아래의 목록부터 시작하라.

- 기도하라.
- 당신의 믿음을 나누라.
- 감사를 표현하라.
- 진리를 말하라.
- 실수를 인정하라.

- 사과하라.
- 당신의 잘못이나 약점을 자백하라.
- 상대방의 업적을 칭찬하라.
- 도움을 구하라.
- 지원을 제의하라.
- 상처 입은 사람을 위로하라.
- 당신의 기대감을 나타내라.
- 진지한 찬사를 표현하라.
- 서로 간의 다툼을 중재하는 말을 하라.
- 지원을 약속하라.
- 부정적 비판을 받는 사람을 옹호하라.

- 악소문을 가라앉히라.
- 감사를 표하라.
- 건설적인 피드백을 제의하라.
- 지식을 나누라.
- 비밀을 지키라.
- 악에 저항하라.
- 새 아이디어를 내라.
- 성경을 암송하라.
- 불화 관계를 해소시키라.
- 의미 있는 이야기를 전하라.
- 음탕하지 않은 농담을 하라.
- 희망이나 낙관적 생각을 드러내라.

- 인내를 격려하라.
- 정중한 표현을 쓰라.
- 노래를 부르라.
- 하나님의 선하심에 대해 이야기하라.

부록 3 30 Days to Taming Your Tongue

혀를 지켜 주는 성경 말씀

"내가 여호와를 항상 송축함이여 그를 송축함이 내 입에 계속하리로다" 시 34:1.

"너희 말을 항상 은혜 가운데서 소금으로 고루게 함같이 하라 그리하면 각 사람에게 마땅히 대답할 것을 알리라" 골 4:6.

"내 입은 지혜를 말하겠고 내 마음은 명철을 묵상하리로다" 시 49:3.

"모든 일을 원망과 시비가 없이 하라" 빌 2:14.

"내가 가장 선한 것을 말하리라 내 입술을 열어 정직을 내리라 내 입은 진리를 말하며 내 입술은 악을 미워하느니라" 잠 8:6-7.

"여호와여 내 혀의 말을 알지 못하시는 것이 하나도 없으시니이다" 시 139:4.

"주를 찬송함과 주를 존숭함이 종일토록 내 입에 가득하리로다" 시 71:8.

"의인의 입은 생명의 샘이라도 악인의 입은 독을 머금었느니라" 잠 10:11.

"주 여호와께서 학자의 혀를 내게 주사 나로 곤핍한 자를 말로 어떻게 도와 줄 줄을 알게 하시고 아침마다 깨우치시되 나의 귀를 깨우치사 학자같이 알아듣게 하시도다" 사 50:4.

"내가 말하기를 나의 행위를 조심하여 내 혀로 범죄치 아니하리니 악인이 내 앞에 있을 때에 내가 내 입에 자갈을 먹이리라 하였도다" 시 39:1.

"경우에 합당한 말은 아로새긴 은쟁반에 금사과니라" 잠 25:11.

"네가 무엇을 경영하면 이루어질 것이요 네 길에 빛이 비취리라" 욥 22:28.

"나의 혀가 주의 의를 말하며 종일토록 주를 찬송하리이다" 시 35:28.

사명선언문

너희가 흠이 없고 순전하여······세상에서 그들 가운데 빛들로
나타내며 생명의 말씀을 밝혀 _ 빌 2:15-16

1. 생명을 담겠습니다
만드는 책에 주님 주신 생명을 담겠습니다.
그 책으로 복음을 선포하겠습니다.

2. 말씀을 밝히겠습니다
생명의 근본은 말씀입니다.
말씀을 밝혀 성도와 교회의 성장을 돕겠습니다.

3. 빛이 되겠습니다
시대와 영혼의 어두움을 밝혀 주님 앞으로 이끄는
빛이 되는 책을 만들겠습니다.

4. 순전히 행하겠습니다
책을 만들고 전하는 일과 경영하는 일에 부끄러움이 없는
정직함으로 행하겠습니다.

5. 끝까지 전파하겠습니다
모든 사람에게, 땅 끝까지, 주님 오시는 그날까지
복음을 전하는 사명을 다하겠습니다.

서점 안내

광화문점 서울시 종로구 새문안로 69 구세군회관 1층
            02)737-2288 / 02)737-4623(F)

강남점   서울시 서초구 신반포로 177 반포쇼핑타운 3동 2층
            02)595-1211 / 02)595-3549(F)

구로점   서울시 동작구 시흥대로 602, 3층 302호
            02)858-8744 / 02)838-0653(F)

노원점   서울시 노원구 동일로 1366 삼봉빌딩 지하 1층
            02)938-7979 / 02)3391-6169(F)

일산점   경기도 고양시 일산서구 중앙로 1391 레이크타운 지하 1층
            031)916-8787 / 031)916-8788(F)

의정부점 경기도 의정부시 청사로47번길 12 성산타워 3층
            031)845-0600 / 031)852-6930(F)

인터넷서점 www.lifebook.co.kr